고려 왕이 납신다

고려 왕이 납신다
34명의 왕이 들려주는 고려의 역사

초판 1쇄 발행 2018년 7월 25일 **초판 2쇄 발행** 2021년 12월 30일

글 어린이역사연구회 **그림** 유승하
펴낸이 이승현

편집3 본부장 최순영
교양 학습 팀장 김문주 **책임편집** 콘텐츠뱅크
키즈 디자인 팀장 이수현 **디자인** 하늘·민

펴낸곳 ㈜위즈덤하우스 **출판등록** 2000년 5월 23일 제13-1071호
주소 서울특별시 마포구 양화로 19 합정오피스빌딩 17층
전화 02) 2179-5600
홈페이지 www.wisdomhouse.co.kr **전자우편** kids@wisdomhouse.co.kr

ⓒ 어린이역사연구회, 유승하 2018

ISBN 978-89-6247-947-8 74900 978-89-6247-681-1(세트)

* 이 책의 전부 또는 일부 내용을 재사용하려면 반드시 사전에 저작권자와
  ㈜위즈덤하우스의 동의를 받아야 합니다.
* 스콜라는 ㈜위즈덤하우스 미디어그룹의 아동·청소년 브랜드입니다.
* 인쇄·제작 및 유통상의 파본 도서는 구입하신 서점에서 바꿔드립니다.
* 책값은 뒤표지에 있습니다.

34명의 왕이 들려주는  *고려의 역사*

고려 왕이 납신다

어린이역사연구회 글 • 유승하 그림

위즈덤하우스

《고려 왕이 납신다》를 선보이며

고려 시대는 조선 시대보다 낯설고 멀게 느껴진다는 사람이 많다. 왜일까? 왕들의 자취를 낱낱이 기록한 실록이 없다. 안타깝게도 임진왜란 때 깡그리 불에 탔다고 한다. 고려 왕들에 대해 남아 있는 기록물은 조선 초기에 펴낸 《고려사》와 《고려사절요》뿐이다. 유적과 유물이 몰려 있는 수도 개경이 북한 땅에 있어서, 가 볼 수도 없다. 보고, 느끼고, 몸소 경험할 게 적으니, 낯설고 멀게 느껴지는 게 당연한지도 모른다. 고백컨대 《고려 왕이 납신다》를 쓰기 전까지 고려 시대는 막이 드리운 무대 같았다.

공부를 할수록 막이 올라가며 고려 시대가 모습을 드러냈다. 막이 오른 순간, 고려 역사에 흠뻑 빠졌다. 그리고 알게 되었다. 고조선-부여-삼국-남북국-후삼국으로 이어진 우리 역사가 비로소 '고려'라는 한 줄기 큰 강물에 모였다는 걸. 고려는 열린 태도로 전통과 특색을 인정하고, 인내하며 서로를 품고, 으르고 달래며 475년 동안 고려만의 도저한 역사를 만들어 갔다는 걸. '코리아'라는 우리나라 이름을 세계에 알리고 청자, 팔만대장경, 금속 활자 같은 수준 높은 문화를 일구었다는 걸.

흥미로웠다. 조선처럼 유교라는 하나의 원칙을 꼬장꼬장하게 고집하지 않고 불교, 유교, 도교, 무속 신앙까지 다양한 사상과 학문을 존중한 고려. 세련되고 화려한 중앙의 귀족 문화와 질박하고 뚝뚝한 지방 문화가 함께 어우러진 고려. 천민이 최고 권력자에 오를 만큼 신분 이동이 가능하던 고려. 아들딸이 똑같이 재산을 물려받고, 여성도 호주가 되어 제사를 지낸 고려. 자유롭게 연애하고, 결혼하고, 이혼하고, 재혼한 개방적인 고려가 정말 흥미로웠다.

자랑스러웠다. 거란, 여진, 몽골 같은 북방 민족의 침입으로 우리 역사에서 전쟁을 가장 많이 겪었으나, 굴복하지 않고 맞서서 이겨 낸 고려. 중국 대륙을 호령하던 송, 요, 금,

원, 명이 겁박하고 어깃장 놓을 때마다 밀당 외교로 지렛대 역할을 하며, 자존심과 자주성을 지켜 낸 고려. 세계 대제국을 건설한 원의 간접 지배를 100년이나 받았지만, 끈질기게 저항하며 독립을 유지한 고려가 너무도 자랑스러웠다.

고려 역사 속으로 첫발을 떼게 만든 건 왕들에 대한 궁금증과 호기심이었다. 태조는 왜 왕비를 무려 29명이나 맞았을까? 광종은 외국인 쌍기를 왜 오른팔로 삼았을까? 힘겹게 왕위에 오른 성종은 성군 소리를 듣는데, 순조롭게 왕이 된 의종은 어째서 '고려의 연산군' 소리를 들을까? 왜 숙종은 끊임없이 왕위를 노렸을까? 무엇 때문에 인종은《삼국사기》를 펴내고, 고종은 '팔만대장경'을 새겼을까? 충렬왕은 왜 '충' 자와 '왕' 자가 붙었을까? 정말 우왕은 요동 정벌이 가능하다고 생각하고, 공양왕은 제비뽑기로 왕이 되었을까…? 궁금증과 호기심이 바짝 일지 않는가.

《고려 왕이 납신다》에 궁금증을 풀어 주고, 호기심을 채워 줄 비밀의 열쇠를 숨겨 놓았다. 1대 태조부터 34대 공양왕까지 34명의 왕들이 자분자분 풀어놓는 이야기에 한껏 귀 기울여 보자. 금세 비밀의 열쇠를 찾아 어느 시대보다 개방적이고, 자주적이고, 활기찬 고려와 만날 수 있다. 낯설고 멀게 느껴진 고려와 스스럼없이 친구가 될 수 있다. 앞서 펴낸《조선 왕이 납신다》를 함께 읽기를 권해 본다. 고려에서 조선으로 이어지는 천년의 역사가, 역사를 바라보는 눈과 마음을 한결 깊고 넓게 해 줄 것이다.

2018년 여름에 어린이역사연구회

고려 왕 계보도

고려는 1대 태조부터 34대 공양왕까지 475년 동안 이어졌다. 초기에는 형제간에 왕위를 이어받은 경우가 많았다(가로줄). 후기로 갈수록 아버지에서 아들로 이어졌다(세로줄). 특히 원나라 간섭기에는 원이 입맛에 맞는 왕을 세워 고려를 간접 지배하려고 하여 아버지에서 아들로, 아들에서 다시 아버지로 이어지는 어이없는 일이 벌어지기도 했다. 또한 앞에 '충' 자를 붙여 원에 충성하는 모습을 보이고, 조나 종 대신 '왕' 자를 붙여야 했다.

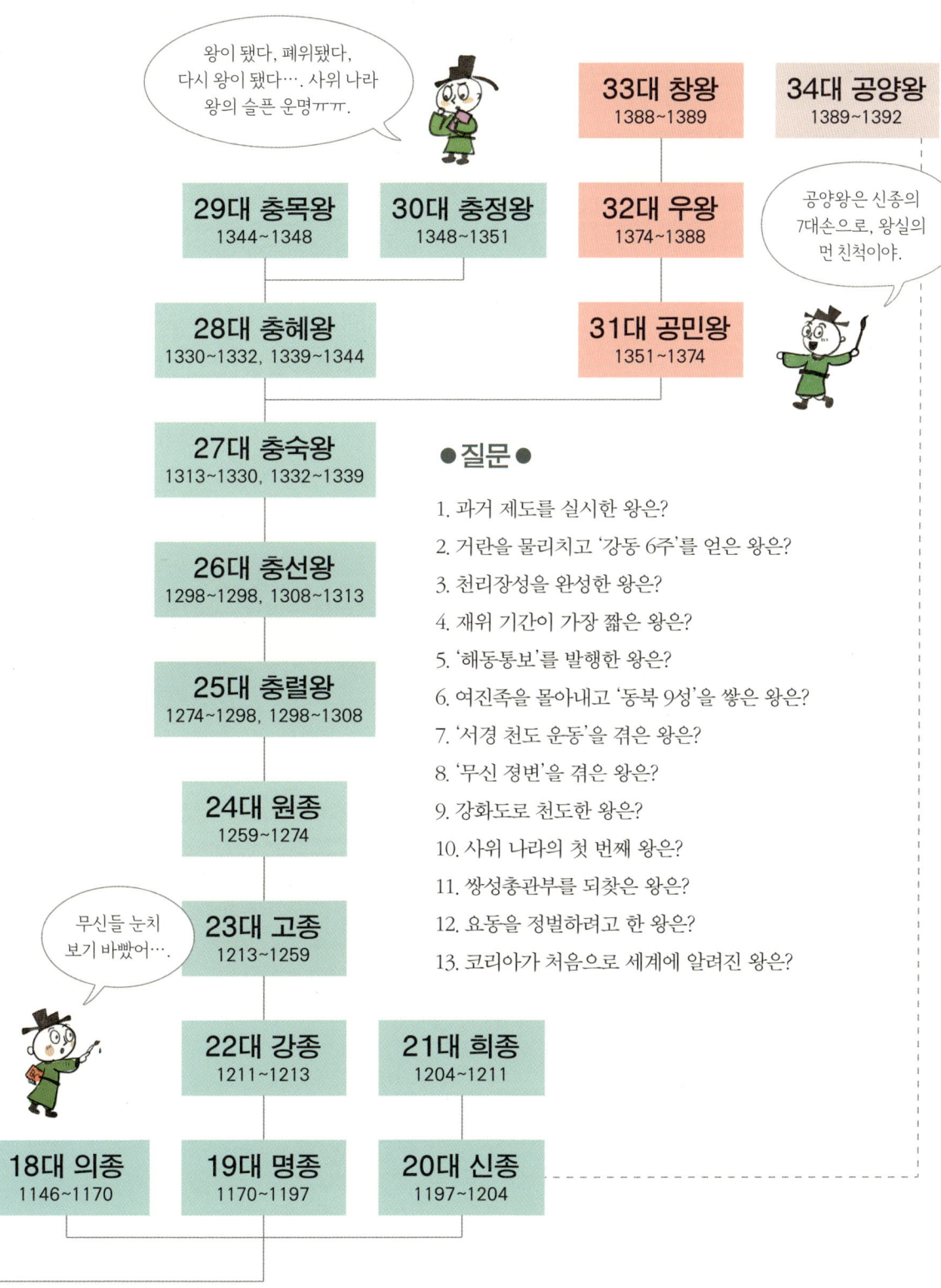

●질문●

1. 과거 제도를 실시한 왕은?
2. 거란을 물리치고 '강동 6주'를 얻은 왕은?
3. 천리장성을 완성한 왕은?
4. 재위 기간이 가장 짧은 왕은?
5. '해동통보'를 발행한 왕은?
6. 여진족을 몰아내고 '동북 9성'을 쌓은 왕은?
7. '서경 천도 운동'을 겪은 왕은?
8. '무신 정변'을 겪은 왕은?
9. 강화도로 천도한 왕은?
10. 사위 나라의 첫 번째 왕은?
11. 쌍성총관부를 되찾은 왕은?
12. 요동을 정벌하려고 한 왕은?
13. 코리아가 처음으로 세계에 알려진 왕은?

차례

《고려 왕이 납신다》를 선보이며 · 4
고려 왕 계보도 · 6

1대 태조 고려를 세우고, 진정한 민족 통일을 이루다 · 10
2대 혜종 '주름살 왕', 힘겹게 왕위에 오르다 · 18
3대 정종 힘으로 왕위에 오르다 · 20
4대 광종 고려 왕조의 기틀을 다지다 · 22
5대 경종 호족과 화합하다 · 28

동북아시아 정세와 고려 · 30

6대 성종 고려 왕조의 체제를 만들다 · 32
7대 목종 천추 태후가 섭정하다 · 38
8대 현종 거란을 물리쳐, 고려의 위상을 높이다 · 42
9대 덕종 소년 왕, 덕으로 다스리다 · 46
10대 정종 천리장성을 완성하다 · 48
11대 문종 고려의 황금기를 일구다 · 50

황도 개경 · 56

12대 순종 3개월 동안 왕 노릇하다 · 60
13대 선종 불교 문화가 꽃피다 · 62
14대 헌종 삼촌에게 왕위를 빼앗기다 · 64
15대 숙종 준비된 왕, 고려를 부흥시키다 · 66
16대 예종 여진족을 몰아내다 · 70
17대 인종 흔들리는 고려 · 74

고려 사람들의 삶 · 80

18대 의종 무신들이 들고일어나다 · 84

19대 명종 무신끼리 싸우다 · 90

20대 신종 최씨 무신 정권이 들어서다 · 94

21대 희종 최씨 무신 정권이 자리 잡다 · 96

22대 강종 최씨 무신 정권이 이어지다 · 98

23대 고종 몽골이 침략하다 · 100

불교의 나라, 고려 · 104

24대 원종 몽골의 힘을 빌려 왕권을 되찾다 · 106

25대 충렬왕 원나라의 사위 나라가 되다 · 110

26대 충선왕 반원 개혁 정책을 펴나 실패하다 · 114

27대 충숙왕 원나라와 고려 왕실, 양쪽에서 시달리다 · 118

28대 충혜왕 패륜을 저질러 쫓겨나다 · 120

29대 충목왕 여덟 살에 왕위에 오르다 · 122

30대 충정왕 '충' 자 붙은 마지막 왕이 되다 · 124

사위 나라, 고려 · 126

31대 공민왕 고려의 자주성을 되찾다 · 128

32대 우왕 기우는 고려, 떠오르는 세력 · 134

33대 창왕 망국의 소용돌이에 빠지다 · 138

34대 공양왕 고려, 무너지다 · 140

찾아보기 · 144

나를 아는 데 필요한 정보 ❼

1. 나 왕건은 877. 1.~943. 5.까지 살았고, 918. 6.~943. 5.까지 왕이었다.
2. 송악(개경)의 호족 집안에서 태어나 집안 덕을 톡톡히 보았다.
3. 어려서부터 총명하고 지혜로웠으며, 세상을 건질 만한 넓은 마음과 깊은 생각을 가졌다는 평을 들었다. 무엇보다 겸손함과 포용력, 강직함과 담대함은 나의 가장 큰 무기였다.
4. 스무 살 때 궁예 밑에 들어갔다. 궁예가 후고구려를 세운 뒤에는 장수로 이름을 떨쳤다.
5. 신숭겸, 홍유, 복지겸, 배현경과 함께 포악한 정치로 백성의 마음을 잃은 궁예를 몰아내고 고려를 세웠다.
6. 신라의 경순왕은 포용력과 덕으로 나라를 바치게 만들고, 후백제는 군사력으로 물리쳐 후삼국을 통일했다.
7. 후대 왕들이 나라를 다스리는 데 필요한 가르침을 정리한 〈훈요10조〉를 남겼다.

1대 태조

고려를 세우고, 진정한 민족 통일을 이루다

여러분은 '고려' 하면 무엇이 떠오르나? 팔만대장경? 청자? 옳거니! 고려의 자랑거리를 바로 떠올리는 걸 보니, 공부할 준비가 되어 있군. 그럼 고려를 누가 세웠는지 아나? 왕건이라고? 역시 똑소리 난다. 그래. 여러분이 지금 만나고 있는 내가 바로 475년을 이어 간 고려 왕조를 세운 태조 왕건이야. 난 기울어 가는 신라의 백성으로 태어났어. 이 땅이 신라, 후백제, 후고구려로 쪼개진 뒤에는 후고구려의 장수로 백성의 마음을 얻어 '고려'를 세웠지. 하지만 만족하지 않았어. 이 땅을 다시 통일하려는 큰 뜻을 세웠거든. 그런데 곳곳에 크고 작은 호족들이 버티고 있어서 결코 쉽지 않대? 난 호족들을 으르고 달래 가며 내 편으로 만들어, 세 나라를 다시 통일했어. 외세의 힘을 빌리지 않고 오롯이 우리 민족의 힘으로 이룬 거야. 정말 자랑스럽지 않아? 이제 이 땅의 모든 백성은 고려 백성으로 하나가 되어, 나와 함께 새 시대를 만들어 갈 거야. 함께 지켜보지 않을래?

태조 왕건의 집안은 할아버지 대부터 예성강변에 터를 잡고 서해안을 누비며 무역을 하여, 막강한 부와 수군을 갖고 있었다. 왕건은 집안의 경제력과 군사력을 발판으로 세력을 키워, 고려를 세우고 후삼국을 통일하는 대업을 이루었다. 《개성왕씨대동보》에 실려 있는 태조 왕건의 초상화로, 원본은 언제 그렸는지 알 수 없다.

신라, 셋으로 쪼개지다

"망하리라, 망하리라! 천 년의 신라가 망하리라!" 언제부터인가 신라 수도 경주 거리에 수상한 노래가 퍼지기 시작했다. 신라가 망해 가는 조짐은 곳곳에서 나타났다. 중앙의 귀족들은 허구한 날 왕위 다툼을 벌였다. 권력을 잡은 왕과 귀족은 사치와 방탕을 일삼았다. 나라 곳간은 텅텅 비어 갔고, 백성들은 무거운 세금과 빚에 쫓겨 굶어 죽거나 떠돌았다. 견디다 못한 백성들이 곳곳에서 들고일어나 온 나라가 반란에 휩싸였다.

하지만 기울대로 기운 신라의 힘은 겨우 경주 일대에만 미쳤다. 이 틈을 타고 지방 곳곳에서 세력가들이 일어섰다. 이들은 자신들이 망해 가는 신라를 대신할 새로운 세력이라고 내세웠다. 북원(강원도 원주)의 궁예, 죽주(경기도 안성)의 기훤, 완산주(전북 전주)의 견훤 등이 대표적인데, 이들을 '호족'이라고 한다. 호족들은 백성을 끌어모아 군대를 키우고, 세금을 걷는 등 정부 구실을 했다.

호족 가운데 가장 크게 힘을 키운 이는 궁예와 견훤이다. 궁예는 강원도와 경북 일대를 손에 넣었고, 견훤은 서, 남해안을 중심으로 무진주(전남 광주)까지 밀고 올라갔다. 900년, 마침내 견훤은 완산주에 도읍을 정하고 옛 백제 왕국의 영광을 되살리겠다고 선포했다. 이듬해 궁예도 옛 고구려 땅인 철원을 도읍으로 삼고 스스로 왕이라 불렀다. 한반도에는 신라, 견훤의 후백제, 궁예의 후고구려가 다투는 '후삼국 시대'가 열렸다.

왕건, 후고구려의 신하로 이름을 떨치다

견훤과 궁예가 한창 세력을 넓혀 갈 무렵인 896년, 송악의 호족 왕륭은 스무 살짜리 왕건을 데리고 궁예를 찾아갔다. "저희 집안은 아버지 대부터 서해안을 오르내리며 장사를 한 집안입니다. 왕이 되려 하신다면 송악에 성을 쌓고, 이 아이를 성주로 삼는 게 어떠신지요?" 궁예는 속으로 뛸 듯이 기뻤다. 왕륭의 말은 서해안으로 나아가는 길목인 송악, 왕륭 집안의 경제력과 군사력을 궁예에게 바치겠다는 소리나 다름없었다.

궁예의 부하가 된 왕건은 900년, 처음 싸움터에 나아가 오늘날 충북 일대와 경기도 남부를 점령하여 아찬 벼슬에 올랐다. 903년에는 수군을 거느리고 전라도 나주까지 정벌하여 서해안을 손에 넣었다. 왕건이 후고구려 땅을 잇달아 넓히자, 궁예는 왕건을 크게 믿어 알찬으로 벼슬을 올려 주었다. 왕건의 이름이 백성들 입에 오르내리기 시작했다.

왕건은 총명하고 지혜롭고, 포용력과 담대한 용기를 갖춘 인물이었다. 이런 자질과 품성은 군사를 지휘하는 데 큰 힘을 발휘했다. 왕건은 싸움에 나설 때마다 앞장서서 "이기고 지는 건 군사의 수에 달려 있지 않다. 싸우려는 의지가 얼마나 크고, 통일되어 있느냐가 중요하다."며 사기를 북돋웠다. 909년에는 전라도 영광까지 진출하여, 후고구려는 한반도의 거의 반이나 차지했다. 913년에는 최고 벼슬자리인 시중에 올랐다. 많은 신하가 왕건을 따르기 시작했고, 백성의 마음도 어느덧 왕건을 향하고 있었다.

고려를 세우다

왕건이 전쟁터를 누비며 이름을 떨치는 동안 궁예는 점점 폭군이 되어 갔다. 스스로 미륵 부처 행세를 하는가 하면, 사람의 마음을 읽을 줄 안다면서 의심이 가는 자는 역적으로 몰아 죽이고 재물을 빼앗았다. 신하의 마음도 백성의 마음도 궁예를 떠나갔다.

918년, 궁예는 그토록 믿던 왕건까지 반역을 꾀했다며 의심했다. 왕건을 따르던 홍유, 배현경, 복지겸, 신숭겸은 궁예를 내쫓자고 했다. 왕건은 "나는 충성스러운 신하요. 아무리 임금이 난폭해도 감히 다른 마음을 품을 수 없소." 하며 펄쩍 뛰었다. 하지만 네 장수가 나라와 백성이 위태로운데 구하지 않는 건 하늘의 뜻을 거스르는 것이라며 간청하자, 그제야 허락했다. 같은 해 6월, 마침내 궁예를 몰아내고 왕건이 왕위에 오르니, 1대 태조이다. 태조는 나라 이름을 고구려를 잇는다는 뜻에서 '고려'라 정했다. 이듬해에는 자신의 근거지인 송악으로 도읍을 옮기고 '개경'이라 이름을 바꾸었다.

후삼국을 통일하여, 진정한 민족 통일을 이루다

태조는 한반도를 다시 통일하려는 큰 뜻을 세웠다. 하지만 왕권은 굳건하지 못했고, 후백제는 고려 못지않게 세력을 떨치고 있었다. 또 곳곳에 호족들이 버티고 있어서 통일로 가는 길은 뜻처럼 쉽지 않았다. 태조는 우선 북방을 안정시키려고 평양에 성을 쌓고 '서경'

으로 삼아 왕식렴에게 지키게 했다. 각지의 호족에게는 겸손한 태도로 선물을 보내 고려 편으로 끌어들였다. 신라와도 친하게 지냈다. 백성의 마음을 다독이는 데도 힘을 쏟아 세금을 줄여 주고 함부로 걷지 못하게 했으며, 가난 때문에 노비가 된 이들을 모두 풀어 주었다. 고려는 차차 평화와 안정을 찾아 나갔다. 하지만 오래 가지 못했다.

927년, 견훤이 후백제군을 이끌고 경주로 쳐들어가 경애왕을 죽이고 경순왕을 세웠다. 신라가 구원을 요청하자, 태조는 몸소 군대를 이끌고 공산(경북 대구)으로 가 의기양양하게 돌아가던 후백제군을 쳤다. 하지만 신숭겸을 비롯해 수많은 군사를 잃고, 겨우 목숨을 건지는 참패를 당했다. 경상도에서 견훤을 물리치지 못하면, 후삼국 통일은커녕 고려마저 위태로울 수 있었다. 태조는 복수를 벼르며 때를 기다렸다.

930년 겨울, 태조가 이끄는 고려군과 견훤이 이끄는 후백제군은 고창(경북 안동)에서 다시 맞붙었다. 이번에는 고려가 대승을 거두었다. 전세가 고려 쪽으로 기울자, 눈치만 보던 호족들은 고려 편에 붙었.

935년, 견훤의 아들 신검이 견훤을 금산사에 가두고 후백제의 왕이 되었다. 견훤은 금산사를 몰래 빠져나와 태조에게 갔다. 소식을 들은 경순왕은 신라를 고스란히 고려에 넘겨주었다. 이듬해 태조는 일리천(경북 선산)에서 후백제군을 크게 무찌르고, 마침내 후삼국을 통일했다. 고려를 세운 지 19년 만이었다.

화합과 포용으로 나라를 다스리다

"터럭만큼도 보복하지 않을 것이다. 이 땅의 모든 백성을 끌어안을 것이니, 각자 자리에서 생업에 힘쓰고 새 나라를 만드는 데 힘을 보태도록 하라!" 전쟁을 치르는 동안은 적이었지만, 이제 모두 고려 백성이었다. 태조는 적을 달래어 고려 편으로 만들었듯이 화합과 포용 정신으로 나라를 다스려, 고려를 진정한 통일 국가로 만들고 싶었다. 그동안 호족들은 군사와 땅을 늘렸고, 호족 출신으로 중앙의 관리가 된 이들은 고려 정치에 큰 영향을 끼쳤다. 태조는 왕권을 다지려면 힘이 세진 호족들을 누르는 게 무엇보다 중요하다고 여겼다. 그래서 호족에게 자신의 지역을 직접 다스릴 수 있는 권한을 주고, 대신 세금을 거두어 나라에 바치고 백성을 군역과 부역에 동원하는 의무를 지웠다. 중앙에서 직접 다스리지 않아도 떠도는 백성이 없어서 나라가 안정되었고, 재정도 든든해졌다. 또 '혼인 정책', '사성 정책', '사심관 제도', '기인 제도' 같은 다양한 호족 융합 정책을 펴 왕권을 세워 나갔다. 하지만 호족의 힘은 쉽게 수그러들지 않았다. 오히려 호족 출신으로 중앙의 관리가 된 자들, 후삼국 통일에 공을 세워 공신이 된 자들은 관직과 땅을 받아 더욱 힘이 커졌다. 게다가 혼인 정책으로 외척이 된 호족들은 정치적 힘까지 갖게 되어, 까딱하다가는 고려가 흔들릴 수도 있었다.

혼인 정책은 각 지역의 힘 있는 호족의 딸과 결혼하여 호족을 태조 편으로 끌어들인 거야. 무려 29명의 부인을 두었으니, 힘 있는 호족이 얼마나 많았는지 알 수 있지?

사성 정책은 태조와 같은 왕씨 성을 내려서 가족 관계를 맺어 우대하여, 왕실 편으로 끌어들이는 거야. 강릉의 호족인 김순식이 왕순식이 된 경우가 그 예이지.

사심관 제도는 개경의 공신들에게 출신지의 호족을 감시할 권한을 주어, 중앙의 힘이 미치지 못하는 곳을 간접적으로 다스리는 것을 말해. 첫 사심관은 신라의 경순왕으로, 경주 지방 호족들을 관리했어.

후대 왕들에게 전하노라, 〈훈요 10조〉

태조는 즉위한 지 4년째 되던 921년, 맏아들 왕무를 태자로 삼았다. 하지만 막강한 힘을 가진 호족들이 왕위를 넘보지 않을까 염려스러웠다. 무엇보다 외가가 든든한 태자의 이복 남동생들이 왕위를 노릴까 봐 불안했다. 943년 4월, 병이 든 태조는 평생 곁을 지킨 박술희를 불렀다. 태조는 "후손들이 감정과 욕심에 사로잡혀 나라의 질서를 어지럽힐까 근심스럽다. 그래서 훈계를 써서 후손에게 전하니, 아침저녁으로 펼쳐 보며 길이 모범으로 삼기를 바란다."며 〈훈요 10조〉를 손수 박술희에게 내렸다.

〈훈요 10조〉에는 다음 왕들이 나라를 다스리는 데 필요한 가르침과 태조가 꿈꾼 고려가 담겨 있었다. 같은 해 5월, 평생 전장을 누빈 장수, 고려를 세운 시조, 후삼국을 통일하여 진정한 민족 통일을 일군 태조는 박술희와 왕규에게 태자를 부탁하고 눈을 감았다. 《고려사》에는 "왕은 포부가 크고 원대하였으며, 나랏일을 공정하게 처리하고 상벌을 공평히 하고 절약을 숭상하고 현명한 신하들을 곁에 두고 유교를 중하게 여겼다…."고 전한다.

나를 아는 데 필요한 정보 ❼

❶ 나 왕무는 912. 5.~945. 9.까지 살았고, 943. 5.~945. 9.까지 왕이었다.
❷ 마음이 넓고 지혜롭고 용기가 뛰어났다.
❸ 왕위 서열 1순위였으나, 외가가 보잘것없어서 힘들게 태자가 되었다.
❹ 외가가 빵빵한 배다른 동생 왕요와 왕소를 비롯한 왕자들, 막강한 호족들이 툭하면 태자 자리를 위협했다.
❺ 후견인 박술희와 장인 왕규의 도움으로 간신히 왕위에 올랐다. 그런데 왕권을 노리는 자들이 뻑하면 자객을 보내 매일 잠자리를 바꿀 정도로 불안에 떨었다.
❻ 장인 왕규가 박술희를 죽이고 반란을 일으켰으나, 왕요 편인 왕식렴에게 진압당해 왕요와 왕소의 힘만 더 커졌다.
❼ 왕규 세력과 왕요, 왕소 세력 사이에 왕위 다툼이 얼마나 심했는지 조정 신하 절반이 목숨을 잃었다.

왕이면 뭐 하나. 든든한 백이 없으니, 완전 꽝이네.

별명처럼 하루도 주름살 펼 날 없었지….

2대 혜종

'주름살 왕', 힘겹게 왕위에 오르다

사람들은 나를 '주름살 왕'이라고 불렀어. 태어날 때부터 얼굴에 주름이 자글자글했대. 하지만 외가가 별 볼일 없는 집안이라 비아냥대느라 그리 부른 이유가 더 크다는군. 내 어머니는 아버지 태조가 고려를 세우기 전 맞이한 둘째 부인으로, 그저 그런 집안 딸이었거든. 그래도 아버지는 맏아들에 인품과 무예가 뛰어난 날, 내심 후계자로 점찍었나 봐. 나도 태자 시절부터 아버지를 도와 후삼국을 통일하는 데 큰 공을 세워, 다음 왕위는 당연히 내 차례라고 믿었지. 하지만 막강한 힘을 가진 호족과 동생들 틈바구니에서 왕이 되는 길은 너무도 험난했어. 오죽하면 아버지가 눈을 감는 순간에도 나를 박술희에게 부탁했을까ㅜㅜ. 겨우겨우 왕위에 올랐지만 마찬가지였어. 왕권 다툼 때문에 단 하루도 마음 편할 날이 없었거든. 어쩌면 내 얼굴의 주름살은 죽음의 공포와 불안감 때문에 생겼는지도 몰라….

태조는 각지의 호족들을 자기 편으로 끌어들이려고 혼인 정책을 펴 부인을 29명이나 두었다. 그 가운데 둘째 부인이 바로 혜종의 어머니인 장화 왕후 오씨이다. 장화 왕후는 신분이 낮은 나주 호족의 딸로, 910년경 태조와 만났다고 한다. 태조와 장화 왕후가 처음 만난 곳으로 알려진 '완사천'이라는 샘으로, 전라남도 나주시 송월동에 있다.

나를 아는 데 필요한 정보 ⑦

① 나 왕요는 923.?~949. 3.까지 살았고, 945. 9.~949. 3.까지 왕이었다.
② 외가가 막강한 힘을 가진 호족이라, 왕자들 가운데 뒷배가 가장 든든했다.
③ 서경이 근거지인 왕식렴, 박수경 등과 힘을 합쳐 혜종 편인 왕규와 박술희를 죽이고 왕이 되었다.
④ 너무 많은 사람을 죽이고 왕위에 올라 백성의 반발이 심했다. 백성의 마음을 다독이려고 죄수를 풀어 주고, 절의 곡식을 나누어 주었다.
⑤ 옛 고구려 땅을 되찾고, 새로운 곳에서 새롭게 시작하려고 서경으로 도읍을 옮기려 했다.
⑥ 거란의 침입에 대비하여 호족이 가진 군사를 묶어 '광군' 30만을 기르려고 했으나, 뜻을 이루지 못했다.
⑦ 장학 재단 격인 '광학보'를 두어 불교를 장려했다.

3대 정종

힘으로 왕위에 오르다

난 정말 왕이 되고 싶었어. 그래서 형 혜종에게 끊임없이 도전했지. 내가 힘도 더 세고, 내 편도 더 많고, 심지어 외가까지 빵빵한데 맏이가 아니라는 이유로 밀리니 진짜 억울하더라고. 그런데 형 혜종이 왕이 된 지 얼마 안 되어 병이 든 거야. 아픈 왕이 나라를 제대로 다스릴 수 있겠어? 게다가 막강한 힘을 가진 호족들이 곳곳에 떡하니 버티고 있어서, 자칫하다가는 고려가 쪼개질 수도 있었거든. 난 형 혜종 편을 모조리 죽인 뒤, 서경 세력의 추대로 왕위에 올랐어. 하지만 만만치가 않대? 무엇보다 많은 피를 본 탓에 백성들이 등을 돌려 너무 힘들었어. 난 날 도와준 세력이 있는 서경에서 다시 시작하려고 했지. 하지만 내 뜻과 달리 무리한 궁궐 공사로 백성의 원성만 더 샀지 뭐야. 결국 무엇 하나 제대로 못해 보고 병이 나서 동생 왕소에게 왕위를 넘기고 죽었어. 내가 죽었다는 소식에 고향으로 돌아갈 수 있게 되었다며, 백성들이 기뻐했대ㅠㅠ.

서경은 고려 왕들이 추진한 북진 정책의 전진 기지이자 고려 제2의 수도였다. 고려 이전에는 평양이라 불렸으며, 고조선과 고구려의 마지막 도읍지로 전통 깊은 역사 도시였다. 정종은 서경 세력을 중심으로 왕권을 키우고, 북진 정책을 펴려고 서경으로 천도하려고 했다. 평양특별시 중구역에 있는 평양성의 동문인 대동문으로, 고구려 때 세운 것을 조선 중기에 고쳐 세웠다.

나를 아는 데 필요한 정보 ⑦

1. 나 왕소는 925. ?~975. 5.까지 살았고, 949. 3.~975. 5.까지 왕이었다.
2. 신중하지만 한번 시작한 일은 과감히 밀어붙여 끝장을 보았다. 얼굴도 미남이었다.
3. 막강한 호족들, 호족들을 등에 업은 형제끼리 왕위 다툼이 끊이지 않았다. 치열한 경쟁을 뚫고 내가 최종 승자가 되었다.
4. '노비안검법'을 만들어, 양인에서 노비가 된 사람들을 모두 양인으로 돌려놓았다.
5. 우리 나라에서 처음으로 '과거 제도'를 실시했다.
6. 관리의 관복색을 정해 왕과 신하, 신하와 신하 사이의 위계 질서를 확실히 했다.
7. 피의 군주라는 소리를 들었지만, 고려를 '황제의 나라'로 만들었다.

이제부터 나를 황제라 부르라!

내 말, 들어!

살살 구슬려 볼까?

으~~. 무서워!

4대 광종

고려 왕조의 기틀을 다지다

아버지 태조, 형 혜종과 정종을 보며 난 아니다 싶었어. 한 나라의 국왕이 호족들에게 휘둘리다니, 말이 돼? 피나는 경쟁 끝에 왕이 되었지만, 난 섣불리 움직이지 않았어. 차분히 때를 기다렸지. 안으로는 힘센 호족과 신하들에게 나랏일을 맡기고, 밖으로는 거란의 침입에 대비해 성을 쌓았어. 또 중국 사정을 살피며 독자적인 연호를 썼다가 중국 땅에 강자가 생기면 연호를 바꾸고, 민심도 살폈지. 드디어 때가 왔어! 난 호족도 왕족도 공신도 아닌, 후주에서 귀화한 쌍기를 중심으로 왕권을 키워 나갔어. 노비의 신분을 조사해 노비가 아니었던 자를 해방시켜 세금을 내는 나의 백성으로 만들었지. 또 과거를 통해 인재를 뽑아 나에게 충성하는 신하를 늘려 나갔어. 호족들의 반대가 극심한 건 불 보듯 뻔했겠지? 하지만 난 거침없이 밀어붙였어. 개혁에 걸림돌이 되는 이들은 모조리 숙청했지. 피바람이 그칠 날 없었지만, 고려 왕조의 기틀을 다졌으니, 만족해.

흔히 '은진 미륵'이라고 부르는 '석조 미륵 보살 입상'이다. 높이 18.12미터, 둘레 9.9미터로 고려 시대 석불 가운데 가장 크다. 광종 대인 968년, 혜명 스님을 비롯한 석공 100여 명이 만들기 시작해 37년 만에 완성했다고 한다. 충청남도 논산시 관촉동 관촉사에 있다.

준비하며 때를 기다리다

왕소는 태조의 넷째 아들이자 셋째 왕비인 신명 순성 왕후 유씨의 셋째 아들로, 왕이 되기에는 쉽지 않은 서열이었다. 그러나 남다른 외모와 대범한 성격으로 태조의 사랑을 받았다. 또 외가가 고려 최고 호족인 충주 유씨라, 왕자 시절부터 친형 정종과 함께 왕실 세력의 핵심 인물로 주목받았다. 949년 3월, 정종이 병으로 죽고 왕소가 외가와 박수경이 이끄는 평산 박씨의 도움으로 왕위에 오르니, 4대 광종이다.

광종은 즉위 뒤 7년 동안 호족과 신하들에게 나랏일을 맡기고, 《정관정요》를 읽으며 조용히 지냈다. 당 태종이 신하들과 정치 토론을 벌인 내용이 담긴 《정관정요》에는 왕의 도리와 신하를 다스리는 방법 등이 잘 정리되어 있었다. 광종은 왕의 자질을 익히며 거란의 침입에 대비해 성을 쌓고, 불교 진흥책을 펴 백성의 지지를 얻어 나갔다. 또 '광덕'이라는 독자적인 연호를 썼다가 중국에 새 강자가 나타나면, 그 나라의 연호를 쓰는 실리 외교로 나라의 안정을 꾀했다.

'노비안검법'을 실시하다

"원래 양인이었는데 억울하게 노비가 된 백성을 풀어 주어라!" 어느 정도 세력을 다졌다고 생각한 광종은 956년, '노비안검법'을 발표했다. 온 나라가 발칵 뒤집혔다. 노비에서 풀려난 이들은 새 세상이 왔다며 환호했다. 하지만 호족 관리들은 거세게 반발했다.

그동안 호족들은 통일 전쟁을 치르면서 포로로 잡은 백성, 먹고살기 힘들어 떠돌던 백성을 노비로 삼았다. 또 고려 건국에 공을 세운 호족들은 공신에 올라 수많은 노비를 받아 1천 명이 넘는 노비를 거느린 호족까지 있었다. 호족들은 노비를 부려 농사를 짓거나 집안일을 돕게 했다. 또 체격이 좋은 노비를 뽑아 사병으로 부렸다. 이런 노비를 풀어 주는 건 호족들의 경제력과 군사력을 무너뜨리는 일이나 마찬가지였다.

자다가 날벼락 맞은 꼴이 된 호족 관리들의 저항은 쉽게 수그러들지 않았다. 광종의 왕비인 대목 왕후까지 나서서 뜯어 말렸지만, 광종은 강하게 밀어붙였다. 심지어 왕실 재산으로 주인에게 값을 치르고 노비를 풀어 주기까지 했다. 노비안검법의 실시로 노비가 많은 호족일수록 엄청난 타격을 입었다. 대신 나라에 세금을 내고 군사가 되는 양인은 크게 늘어, 광종은 왕권을 키우고 중앙 정부의 힘을 기를 수 있는 기틀을 마련할 수 있었다.

4대 광종 · 25

과거 시험으로 충성하는 인재를 뽑다

956년 후주에서 사절단이 왔다. 그런데 사절단 가운데 후주에서 과거 시험 감독관을 맡고 있는 쌍기라는 인물이 광종의 눈에 띄었다. 쌍기의 학식과 재능을 높이 산 광종은 후주 황제에게 부탁해 쌍기를 고려에 머물게 하고 한림학사로 삼았다. 광종은 쌍기에게 호족의 힘이 너무 강해 왕권을 제대로 펼 수 없는데, 좋은 방법이 있는지 물었다. 쌍기는 가문의 힘이 아니라 나라에서 시험을 보아 실력 있는 관리를 뽑는다면, 호족들도 힘을 잃게 될 것이라고 했다.

마침내 958년 5월, 광종의 명으로 우리나라에서 처음으로 과거가 치러졌다. 새로운 관리 선발 제도인 '과거 제도'는 유학을 공부한 젊은 학자들에게 유리했다. 유교 지식과 한문학 실력에 따라 뽑힌 인재들은 광종에게 충성하는 관료로 성장했다. 갈수록 호족 출신 관리의 수는 줄어들고, 호족 세력을 견제할 수 있는 신하의 수는 늘었다.

"관리의 복장이 제멋대로라 질서가 없다. 각자 신분과 직책에 맞는 색깔의 옷을 입도록 하라!" 960년, 광종은 관리들이 입는 옷 색깔을 정했다. 이전에도 관리의 옷 색깔이 정해져 있었으나 잘 지켜지지 않았다. 관직이 낮은 호족 출신이라도 부자는 좋은 비단으로 화려한 옷을 지어 입었다. 관직이 높아도 가난하면 베나 모시에다 물도 제대로 들이지 못한 옷을 입었다. 새로운 '공복 제도' 실시로 이제 신하들의 서열을 확실히 하고, 국왕을 중심으로 하는 관료 체제를 다질 수 있게 되었다.

자삼 — 벼슬이 가장 높은 원윤 이상이 입었다.

단삼 — 원윤 아래 중단경 이상이 입었다.

비삼 — 중단경 아래 도함경 이상이 입었다.

녹삼 — 도함경 아래 소주부 이상이 입었다.

호족의 나라에서 황제의 나라로

"태조께서 후삼국을 통일한 뒤 마침내 나라가 튼튼해졌다. 태조의 뜻을 받들어 고려가 황제의 나라임을 세상에 알리노라!" 노비안검법, 과거 제도, 공복 제도를 실시해 호족 출신 관리들을 확실히 복종시키려 한 광종은 960년 나라의 위상과 왕실의 위엄을 높이려고 고려가 황제의 나라임을 선포했다. 이어 '준풍'이라는 연호를 써서 고려가 천하의 중심이라는 걸 자랑스럽게 밝혔다. 또 스스로 '황제'라 부르고, 개경을 '황도'로 부르게 했다.

한편 광종의 개혁에 위기를 느낀 호족 출신 관리들은 불만을 드러내기 시작했다. 특히 광종의 외가 쪽에서 노골적으로 광종을 압박했다. 왕위에 오를 때에는 든든한 후원자였지만, 이제는 개혁의 가장 큰 걸림돌이었다. 광종은 960년부터 호족 출신 관리, 공신, 왕실의 외가 세력을 몰아내기 시작했다. 헤아릴 수 없이 많은 이들이 옥에 갇히고, 귀양 가고, 죽임을 당했다. 심지어 왕후와 태자까지 왕권을 위협한다고 의심하여 가까이 오지 못하게 했다.

광종은 개혁을 돕는 세력에게는 자주 연회를 베풀고 하사품을 내려 든든한 유대 관계를 이어 나갔다. 또 절을 세우고 궁궐에서 동물의 도살을 금지해 백성의 마음을 다독였다. 비록 피의 군주라는 소리를 들을 만큼 왕권에 도전하는 이들에게는 가혹했지만, 광종은 왕권을 세우고 고려의 기틀을 다져 놓았다.

나를 아는 데 필요한 정보 ❼

❶ 나 왕주는 955. 9.~981. 7.까지 살았고, 975. 5.~981. 7.까지 왕이었다.
❷ 건국 공신, 호족 관리, 나의 사촌들까지 아버지 손에 무참히 죽임당하는 걸 보고 자랐다.
❸ 아버지와는 반대로 호족들과 화합하는 정치를 했다.
❹ 왕실에 등을 돌린 호족들을 달래려고, 피해 입은 호족에게 복수할 수 있는 권한을 주었다.
❺ 권력이 한 사람에게 집중되는 걸 막으려고 '집정제'를 '좌우 집정제'로 바꾸었다.
❻ 고려 토지 제도의 뿌리가 된 '전시과'를 만들었다.
❼ 송나라와 국교를 돈독히 하고, 발해 유민을 받아들이고, 국방도 챙겼다.

5대 경종

호족과 화합하다

어린 시절, 난 아버지 광종을 제대로 쳐다보지도 못했어. 무섭고 두려웠거든. 아버지는 왕권을 강화하려고 얼마나 많은 호족을 죽였는지 몰라. 나도 위험했어. 호족들이 아버지를 없애고, 나를 왕으로 세우려 한다고 누군가가 고자질을 했거든. 아마 남동생이 있었다면 나도 저 세상으로 갔을지 몰라. 난 즉위하자마자 호족들과 화합하겠다고 밝혔어. 귀양 가 있는 신하들을 불러들이고, 옥에 갇힌 사람들을 풀어 주었지. 또 호족 출신을 재상에 앉혔어. 그런데 이게 나의 실수였나 봐. 글쎄, 그동안 납작 엎드려 지내던 호족들이 복수를 시작하는 거야. 나도 처음에는 하라고 했지. 그런데 죽고 죽이는 일이 이어지더라고. 아차 싶어서 금지시켰어. 난 왕권을 안정시키려고 제도를 바꾸어 권력을 분산시켰어. 또 신진 관료들을 배려하여 토지 제도도 만들었지. 그런데 또다시 정권 다툼이 이어지니 마음을 못 잡겠더라고. 결국 지쳐서 방탕한 생활을 하다 죽었어.

전시과는 나라에서 관리에게 토지를 나누어 주는 제도이다. 전지는 논밭, 시지는 땔나무를 베어 낼 산을 가리킨다. 관리들은 벼슬에 따라 18과로 등급을 나누어 정해진 땅과 산을 받았다. 이때 "땅과 산을 받는다."는 건 수확량 중 일부를 세금으로 거둘 수 있는 권리(수조권)를 말한다. 경종 대 마련한 전시과는 고려 토지 제도의 토대가 되었다. 우왕 대인 1385년, 장전이라는 사람이 대대로 물려받은 토지의 수조권을 확인해 달라며 지방 관아에 올린 소지이다. 소지는 일종의 청원서를 말한다.

동북아시아 정세와 고려

10~14세기까지 동북아시아는 그야말로 격동의 시대였다. 고려는 태조 이래 옛 고구려 땅을 되찾으려는 '북진 정책'을 실시했다. 북진 정책으로 고려는 거란, 여진, 몽골 같은 북방 민족과 부딪칠 수밖에 없었다. 고려는 때로는 힘으로 이들을 물리치고, 때로는 으르고 달래고, 때로는 지배를 받기도 했다. 정통 한족 국가인 송나라 등과는 군사적 충돌 없이 활발히 문물을 교류했다.

여진(금나라 1115~1234)

916년, 야율아보기가 중국 동북쪽 만주 일대에 흩어져 살던 우리 거란족을 통일했어. 926년, 발해를 멸망시키고 946년, 나라 이름을 '요'로 바꾸었지. 고려 태조가 발해를 멸망시킨 오랑캐 원수라며, 우리를 적대시했어. 송과 고려의 관계를 끊어 놓으려고, 고려를 여러 번 침략했지. 1125년, 완옌부 여진족에게 멸망당했어.

거란(요나라 946~1125)

당나라가 멸망한 907년부터 송나라가 중국 대륙을 통일하는 979년까지 중국 대륙 곳곳에서 여러 나라들이 경쟁하던 혼란한 시대를 '5대 10국'이라고 해. 5대는 후량, 후당, 후진, 후한, 후주 다섯 왕조이고, 10국은 오, 남당, 오월, 민, 형남, 초, 남한, 전촉, 후촉, 북한을 말해.

907~979 5대10국

송나라(960~1279)

900 | 950 | 1000 | 1050 | 1100 | 1150

- 918년 왕건 고려 건국!
- 936년 태조 후삼국 통일!
- 993년 성종 대 거란 1차 침입. 서희의 담판으로 '강동 6주' 획득!
- 1010년 현종 대 거란 2차 침입!
- 1018년 현종 대 거란 3차 침입! 강감찬이 귀주에서 대승! 거란과 화의하고, 평화 관계 유지!
- 1107년 예종 대 윤관이 별무반을 이끌고 여진 정벌! '동북 9성' 축성!

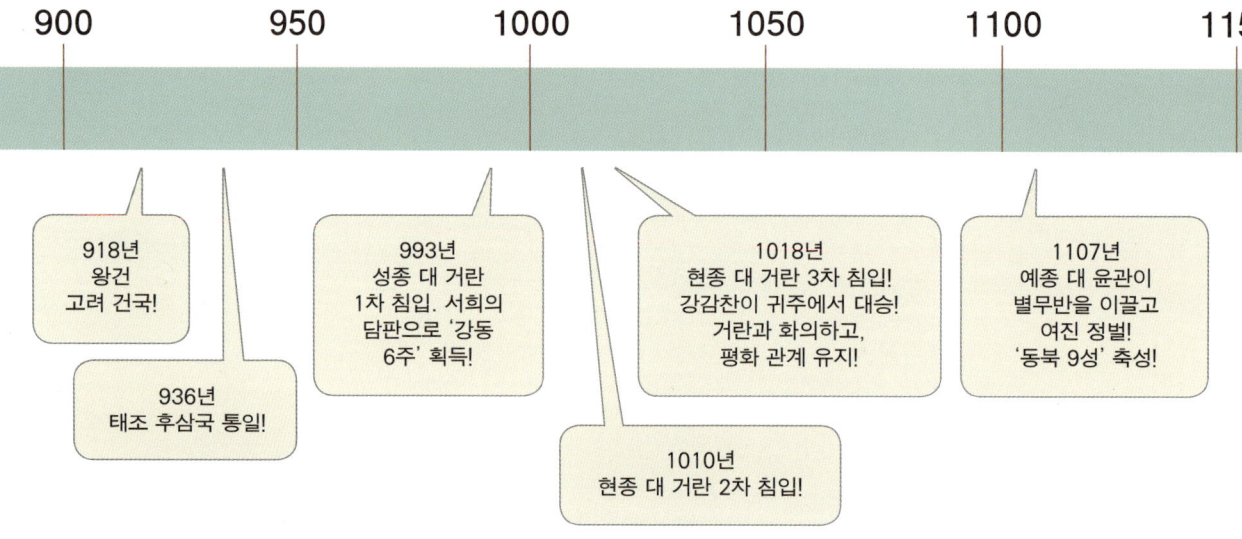

원래 숙신, 읍루, 말갈이라 불렸어. 발해 주민으로 살다가 발해가 멸망한 뒤 거란의 지배를 받았어. 만주 지역에 흩어져 살며 고려를 부모 나라로 섬겼지. 1115년, 완옌부 추장 아골타가 여진족을 통일해 '금'을 세우고 1125년, 거란을 멸망시켰어. 1126년, 고려와 군신 관계를 맺고, 송을 공격해 화이허강 이북까지 땅을 넓혔지. 1234년, 몽골과 남송 연합군에게 멸망했어.

몽골 초원에 흩어져 살며 거란, 여진의 지배를 받던 우리 몽골족을 1206년, 칭기즈 칸이 통일했어. 그 뒤 유목 민족 특징인 조직력, 기마 부대의 기동력과 활을 이용해 세계 역사상 가장 큰 제국을 건설했지. 1271년, 나라 이름을 '원'으로 바꾸고 1279년, 남송을 멸망시키고 중국을 통일했어. 고려를 일곱 차례 침략해 끝내 사위 나라로 만들었지. 1368년, 명나라에게 멸망당했어.

1368년에 명나라를 세운 이는 홍건적의 난에 참여해 세력을 키운 주원장이야. 처음에는 난징을 수도로 삼았다가 베이징으로 옮겼어. 명에 밀려 몽골 초원으로 쫓겨난 북원과 고려를 두고 다투었지.

960년 조광윤이 5대 10국을 아우르고 송나라를 세웠어. 1126년, 금의 공격을 받아 수도를 옮겨 남송을 세웠으나 금과 군신 관계를 맺는 굴욕을 당했지. 1279년, 몽골의 쿠빌라이 칸에게 멸망당했어. 요와 금 때문에 군사적으로 상당한 어려움을 겪었지만, 이제까지 중국 역사에서 상업, 문화, 예술 방면에서 가장 큰 발전을 이루었지. 고려와는 성종 대 거란이 고려를 침략한 뒤 외교 관계가 끊겼지만, 문물 교류는 어느 왕조보다 활발했어.

몽골(원나라 1206~1368) **명나라(1368~1644)**

1200　　1250　　1300　　1350　　1400　　1450

1231년 고종 대 몽골의 침략으로 이듬해 강화도로 천도! 그 뒤 1257년까지 몽골 여섯 차례 더 침입!

1259년 고종 대 원나라와 화의하고 1270년, 원종 대 개경 환도. 원의 속국화!

1350년대부터 북으로는 홍건적, 남으로는 왜구 침입!

1392년 고려 멸망ㅠㅠ.

고려 시대는 우리 역사에서 외적의 침입을 가장 많이 겪었어ㅠㅠ.

 나를 아는 데 필요한 정보 ⑦

① 나 왕치는 960. 12.~997. 10.까지 살았고, 981. 7.~997. 10.까지 왕이었다.
② 유학에 밝고 옳고 그름을 잘 가렸으며, 인품이 뛰어나다는 평을 들었다.
③ 유교를 정치 이념으로 삼았다. 최승로가 올린 〈시무 28조〉는 내가 만들고 싶은 고려의 밑그림이 되어 주었다.
④ 인재를 기르려고 중앙에는 '국자감'을 설치하고, 지방에는 경학박사와 의학박사를 내려보내 유학을 가르쳤다.
⑤ 중앙은 '3성 6부', 지방은 '12목'으로 행정 제도를 가다듬어 중앙 집권 체제의 틀을 다졌다.
⑥ 가난한 백성에게 곡식을 빌려주는 '의창', 물가를 조절하는 '상평창'을 두어 백성의 삶을 돌보았다.
⑦ 거란이 침략하였으나 서희의 활약으로 '강동 6주'를 얻어 국경을 넓혔다.

6대 성종

고려 왕조의 체제를 만들다

난 왕위 서열 1순위는 아니었어. 그런데 사촌 형 경종이 죽었을 때 조카는 겨우 두 살. 아무리 눈 씻고 찾아봐도 왕족 가운데 왕위를 이을 사람은 나밖에 없는 거야. 하지만 왕실 어른들은 날 탐탁지 않게 여겼어. 외가가 막강한 광종 삼촌 딸과 혼인한 덕에 가까스로 왕이 된 거야. 힘겹게 왕위에 오른 만큼 난 왕 노릇 제대로 해 보고 싶었어. 그래서 유학에 밝은 최승로를 곁에 두고 유교 이념에 따라 고려의 체제를 다져 나갔지. 결과는? 한마디로 대박이었어! 고려가 들어선 지 60년이 넘어 중앙과 지방의 체제를 정비하고, 백성의 삶을 안정시켰으니까. 하지만 밖으로는 거란이 침략하는 바람에 큰 어려움을 겪기도 했어. 다행히 서희의 담판으로 고려 땅을 압록강까지 넓히는 쾌거를 이루었지. 어때? 고려의 체제를 가다듬은 내게 체제를 정비한 왕에게 주로 붙이는 성종이라는 묘호가 정말 잘 어울리지 않아?

고려 시대 유학을 가르치는 교육 기관에는 오늘날의 국립 대학 격인 국자감과 사립 학교인 사학, 향교 등이 있었다. 국자감은 고려 말에 성균관으로 고쳐 불렀다. 국자감에서 교육을 마치면 과거에 응시할 수 있었고, 성종 대에는 과거를 통해 벼슬에 오른 인재들이 성종의 체제 정비를 뒷받침했다. 오늘날 황해북도 개성시에 남아 있는 고려 시대 성균관의 모습이다.

어렵게 왕위에 오르다

왕치는 태조의 많은 손자 가운데 하나였다. 게다가 왕위는 광종-광종의 맏아들인 경종으로 이어졌고, 경종에게는 아들이 있었다. 그러니 왕치가 왕이 될 가능성은 아주 낮았다. 그런데 981년 7월, 병이 든 경종이 어린 아들 대신 왕치에게 왕위를 물려주는 바람에 얼떨결에 왕이 되었다. 바로 6대 성종이다.

그러나 성종의 즉위 과정은 순탄하지 않았다. 적장자가 아니라는 이유로 왕실 안팎의 반대가 무척 심했다. 결국 광종의 딸을 첫째 부인으로 둔 성종을 당시 가장 힘이 센 광종의 외가 쪽에서 적극 밀어주어 가까스로 왕이 될 수 있었다. 어렵게 왕위에 오르긴 했지만, 성종은 됨됨이로 보나 자질로 보나 임금감으로는 왕실에서 단연 으뜸이었다.

유교를 정치 이념으로 삼아 체제를 정비하다

성종은 나랏일을 잘 보살피는 게 왕이 할 일이고, 나랏일을 제대로 하려면 능력 있는 인물이 필요하다는 걸 누구보다 잘 알았다. 성종이 찾는 인재는 자신과 함께 유교 이념에 따라 정치를 펼칠 수 있는 학문과 인품을 제대로 갖춘 이들이었다. 성종은 숨어 있는 인

왕은 덕으로 백성을 다스리고, 신하는 왕을 도와 나랏일을 하는 게 유교의 이상적인 정치!

원래 중서성, 상서성, 문하성 3성이었는데, 중서성과 문하성을 합쳐 중서문하성과 상서성 2성으로 운영했어.

고려의 중앙 정치 기구

중서문하성 : 재상과 간관이 모여 나랏일을 의논하고 결정
상서성 : 정책 집행
이부 : 문관의 인사 담당
병부 : 무관의 인사 및 군사 업무 담당
호부 : 호구 조사, 세무, 화폐, 식량 문제 담당
형부 : 법률, 재판, 형벌, 노비 문제 담당
예부 : 국가 제사, 외교, 교육, 과거 시험 담당
공부 : 산천과 호수 관리, 기술 및 건설 담당

재를 찾으려고 982년 5월, 교서를 발표했다. "내가 한 나라의 왕이 되어 정치를 잘못할까 걱정이 많다. 왕의 덕은 오로지 신하들의 뒷받침에 달려 있다. 중앙의 5품 이상 관리는 이제까지 잘한 정치와 잘못한 정치를 글로 써서 내라." 여러 신하가 올린 글 가운데 최승로가 올린 〈시무 28조〉가 가장 빼어났다.

〈시무 28조〉에는 정치, 경제, 사회, 국방에 이르기까지 성종이 만들고 싶은 고려의 모습이 담겨 있었다. 성종은 정치 기구와 제도의 틀부터 가다듬어 나갔다. 983년부터 중앙의 기구를 손보기 시작하여 '3성 6부제'를 마련했다. 또 전국 12개 주요 도시에 '12목'을 설치하여 처음으로 수령을 내려보내 다스리게 했다. 이제 왕의 힘이 호족이 다스리던 지방까지 미치게 되어 왕권은 튼튼해지고, 정치는 안정되었다. 성종은 더 많은 인재를 기르려고 992년 개경에 국자감을 설치하고, 지방에는 경학박사와 의학박사를 내려보내 유학을 가르치게 했다. 또 팔관회와 연등회를 없애 유학적 분위기를 한껏 끌어올렸다.

백성의 삶을 돌보는 데도 힘을 쏟았다. 팔관회와 연등회를 없앤 건 백성의 부역을 덜어 주고 사치와 낭비를 줄이려는 뜻도 숨어 있었다. 986년에는 가난한 백성을 위해 곡식을 빌려주는 '의창'을, 993년에는 물가를 조절하는 '상평창'을 두어 나라 살림이 잘 돌아가게 했다. 성종의 유교 이념에 따른 체제 정비로 고려는 중앙 집권의 기틀을 다질 수 있었고, 백성들은 태평성대를 맞았다며 성종을 칭송했다.

거란을 물리치고, 국경을 넓히다

성종이 체제를 정비하는 동안 나라 밖에서는 거란이 힘을 키워 고려를 위협했다. 거란은 송나라와 친하게 지내지 말라고 했으나, 고려는 들은 체도 안 했다. 급기야 옛 고구려 땅에 있던 발해를 거란이 멸망시켰으니, 그 땅은 거란 땅이라는 둥, 고려는 신라를 이은 나라이니 거란의 요구를 들어주어야 한다는 둥 으름장을 놓았다. 성종은 "고려는 신라가 아닌 고구려를 계승한 나라."라고 분명히 밝히며, 서희에게 전쟁에 대비하라고 했다.

993년 10월, 소손녕이 이끄는 거란군이 압록강을 건넜다. 고려군과 거란군은 황해도 봉산에서 맞붙었고, 고려군은 크게 패했다. 거란은 고려에 항복을 요구했다. 조정은 항복하자는 파와 서경 이북 땅을 떼어 주자는 파로 갈렸다. 성종도 땅을 떼어 주는 쪽으로 기울었다. 이때 서희가 나섰다. "저들이 80만 대군이라고 큰소리치나, 실제 수만 정도일 것입니다. 송과 교류하지 못하게 겁주는 것이니 신이 나서서 협상해 보겠습니다."

서희가 거란 진영을 찾아가자 소손녕은 뜰에서 절을 하라고 요구했다. 서희는 나라 대 나라의 협상은 대등한 지위에서 해야 한다고 주장했다. 결국 서희의 기개에 눌린 소손녕은 서희와 마주 서서 인사를 나눈 뒤 협상을 벌였다. 서희는 빼어난 말솜씨로 소손녕과 담판을 지어 '강동(압록강 동쪽) 6주'를 얻어 내어 고려 땅을 압록강까지 넓혔다.

후계자를 미리 세워, 앞날을 대비하다

고려에는 다시 평화가 찾아왔다. 왕위에 오른 지 14년 되던 997년, 성종은 그동안 북방만 신경 쓰느라 남쪽을 지키는 데 소홀한 듯하여 동경(경주)을 찾았다. 성종은 지방에서 오래 근무한 군사들에게 훈장을 내리고 품계를 올려 주었다. 또 잔치를 열어 동경의 백성을 위로했다. 하지만 개경에서 동경까지 여러 날이 걸리는 먼 길을 오간 탓인지 그만 병이 나고 말았다. 아들이 없던 성종은 일찍이 후계자로 점찍어 놓은 경종의 맏아들 왕송을 태자로 삼았다. 같은 해 10월 병이 깊어진 성종은 왕송에게 왕위를 물려주고 세상을 떠났다. 《고려사절요》에는 "성품이 엄하고 바르고 도량이 넓어, 법을 세우고 제도를 정하는 데 옳고 그름이 분명했다. 어진 선비를 구하고 백성을 구제하여 정치가 볼만 했다."라고 성종을 평가해 놓았다.

나를 아는 데 필요한 정보 ⑦

① 나 왕송은 980. 5.~1009. 2.까지 살았고, 997. 10.~1009. 2.까지 왕이었다.
② 성격이 신중하고 굳세었다. 어릴 때부터 왕의 법도를 잘 익혔다.
③ 나랏일은 어머니인 천추 태후가 도맡아 처리했다.
④ 어머니는 고려가 황제의 나라이기를 바라며 명령도 조, 제, 칙 황명으로 내렸다.
⑤ 어머니는 연인인 김치양을 요직에 앉히고, 권력을 키워 주었다.
⑥ 왕권을 빼앗기니, 점점 정치에 관심이 없어져 절망감에 빠져 지냈다.
⑦ 정변을 일으킨 강조에게 살해당했다.

이 나라의 왕은 목종이야, 천추 태후야?

그래도 어머니인데 어떻게 내가 대들어????

7대 목종

천추 태후가 섭정하다

아버지 경종이 죽었을 때 내 나이 겨우 두 살. 왕위는 아버지 사촌 동생인 성종이 물려받았어. 아들이 없던 성종은 일찌감치 나를 후계자로 점찍었대. 성종의 뒤를 이어 왕이 되었을 때 내 나이 열여덟 살이었어. 침착하고 대범한 날 보고 다들 왕이 될 그릇이라고 했지. 하지만 어머니 천추 태후의 생각은 달랐나 봐. 내가 어리다며 대신 나라를 다스리겠다고 하대? 핑계라는 걸 알았지만, 지켜볼 수밖에 없었지. 어머니이니까…. 그런데 어머니가 데려온 김치양이 마음대로 권력을 휘둘러 조정이 엉망이 되었지 뭐야. 왕이면서 왕 노릇 제대로 못 하니, 마음 둘 데가 없더라고. 게다가 김치양은 왕위까지 넘보았어. 난 유일한 왕손인 대량원군(현종)을 보호해야겠다고 마음먹고, 서북면 도순검사인 장수, 강조를 불러들였어. 그런데 강조는 김치양 일당을 잡아 죽이더니, 끝내는 나까지 살해했어. 쿠데타를 막으려다 쿠데타를 당한 꼴이 된 셈이야ㅜㅜ.

고려 시대에는 왕실과 승려, 문인들을 중심으로 차 문화가 발달했다. 팔관회나 연등회 같은 불교 행사, 사신을 접대할 때에 차를 대접하는 예식이 빠지지 않았다. 고려 후기에는 오늘날 찻집이라 할 수 있는 '다점'도 생겨 일반 백성들도 차를 사 마실 수 있었다. 왕실이나 귀족들이 차를 담아 마시던 비색 청자 찻잔이다.

목종, 어머니에게 밀리다

왕송은 경종과 헌애 왕후 황보씨 사이에서 맏아들로 태어났다. 981년 경종이 죽었으나 왕송은 겨우 두 살로 왕이 되기에는 너무 어렸다. 그래서 경종의 사촌 동생인 성종이 왕위를 이었다. 아들이 없던 성종은 왕송을 후계자로 삼고, 궁으로 데려와 길렀다. 997년, 성종이 죽고 왕송이 왕위에 오르니, 7대 목종이다.

당시 목종은 열여덟 살로 나라를 다스리는 데 무리가 없었다. 하지만 어머니 헌애 왕후는 나이가 어리다는 핑계로 섭정을 했다. 권력을 거머쥔 헌애 왕후는 자신을 '천추 태후'라 부르게 하고, 연인인 김치양을 불러들여 우복야 겸 삼사사에 앉혔다. 하루아침에 조정의 실력자가 된 김치양은 대놓고 뇌물을 받고, 300여 칸이 넘는 대저택을 짓는 등 마음대로 권력을 휘둘렀다. 하지만 목종은 어머니 천추 태후 때문에 아무것도 할 수가 없었다.

1009년, 천추 태후와 김치양은 둘 사이에 태어난 아들을 목종의 후계자로 삼으려고 왕위 서열 1순위인 대량원군을 살해하려고 했다. 나아가 목종까지 죽이려고 했다. 목종은 서북 지역을 담당한 장수, 강조를 개경으로 불러 둘의 음모를 막으려 했다. 그러나 강조마저 김치양에게 속아, 목종은 끝내 강조에게 살해당하고 말았다.

실리 외교로, 성종 이래 국교가 끊긴 송과의 관계 개선을 적극 추진했다.

6위는 전투 부대로서 고려 군사력의 핵심이 되었다.

전시과를 개정해 관직의 높고 낮음에 따라 18과로 구분하여 지급했다.

천추 태후, 천하를 갖고 싶어 하다

천추 태후는 정치적 야망이 큰 만큼 능력도 뛰어났다. 막강한 권력을 바탕으로 경제, 외교, 국방 분야에서 많은 업적을 남겼으며, 고려가 중국 주변의 제후국이 아닌 황제의 나라이기를 바랐다. 흔히 '천추 태후' 하면 김치양과의 부적절한 관계를 떠올린다. 하지만 오늘날에는 강한 고려를 꿈꾼 여걸로 평가받는다.

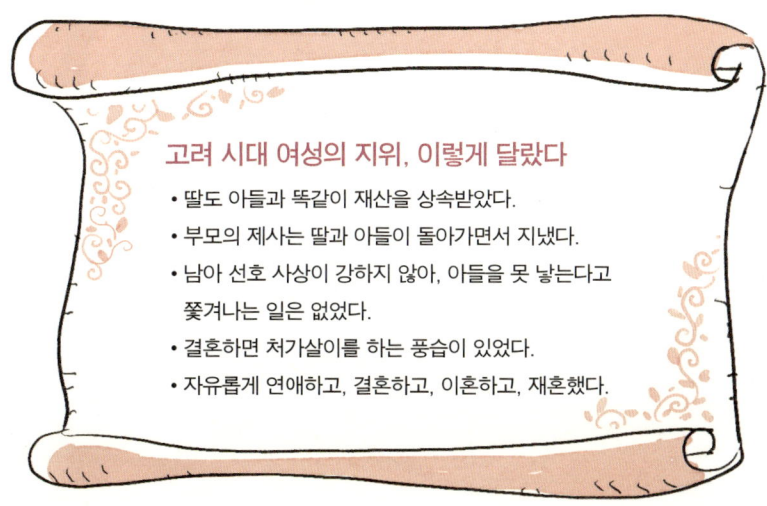

고려 시대 여성의 지위, 이렇게 달랐다
- 딸도 아들과 똑같이 재산을 상속받았다.
- 부모의 제사는 딸과 아들이 돌아가면서 지냈다.
- 남아 선호 사상이 강하지 않아, 아들을 못 낳는다고 쫓겨나는 일은 없었다.
- 결혼하면 처가살이를 하는 풍습이 있었다.
- 자유롭게 연애하고, 결혼하고, 이혼하고, 재혼했다.

성종 대에는 교역을 할 때 철전을 사용하게 했는데, 백성들이 적응하지 못했다. 이에 사사로운 교역에는 베를 사용하도록 해 백성들의 어려움을 살폈다.

성종 대에는 유교를 정치 이념으로 삼아 불교 행사를 없앴지만, 전통과 불교도 존중했다.

나를 아는 데 필요한 정보 ❼

❶ 나 왕순은 992. ?~1031. 5.까지 살았고, 1009. 2.~1031. 5.까지 왕이었다.
❷ 강조가 정변을 일으켜 목종을 몰아내고 나를 왕으로 세웠다.
❸ 거란이 두 차례나 침입했으나 모두 물리쳤다.
❹ 불교의 힘으로 나라를 지키려고 우리나라에서 처음으로 대장경을 목판에 새겼다. 바로 '초조대장경'이다.
❺ 고려 왕 최초로 전 왕들의 실록을 편찬했다.
❻ 전국을 '5도 양계'와 '군현제'로 가다듬어 실질적인 중앙 집권 체제를 완성했다.
❼ 전쟁에 대비하여 개경에 나성을 쌓고, 각 지방의 성곽을 고쳐 쌓아 국방을 튼튼히 했다.

끝까지 살아남아 말 그대로 현명한 왕, '현종'이 되었지.

동북아시아의 최강자, 거란을 물리치다니, 역시 고려야!!

8대 현종

거란을 물리쳐, 고려의 위상을 높이다

난 왕이 되기 전까지 궁궐에서 귀하게 자란 여느 왕들과는 다른 삶을 살았어. 천추 태후가 자신의 아들을 왕위에 올리려고 끊임없이 내 목숨을 노려서 이 절 저 절 떠돌며 살았거든. 강조 덕에 가까스로 왕이 된 난 무너진 왕권을 세우고, 백성의 마음을 어루만지는 데 힘을 쏟았어. 그런데 얼마 안 가 거란이 침입하는 바람에 개경을 떠나 피난길에 오르는 수모를 겪었지 뭐야. 화의를 맺고 거란이 물러가긴 했지만, 개경은 거란군의 말발굽 아래 쑥대밭이 되었지. 난 안으로는 행정과 군사 조직을 가다듬고, 밖으로는 거란의 침입에 대비해 국방을 다져 나갔어. 기회만 엿보던 거란이 다시 쳐들어왔지만 강감찬을 비롯한 장수와 군사들이 똘똘 뭉쳐 몰아냈지. 난 남은 힘을 백성의 삶을 돌보고, 고려의 문화를 한층 끌어올리는 데 쏟아부었어. 후세가들은 나를 "거란을 물리쳐 고려의 위상을 높인 왕.", "고려의 문화를 발전시킨 왕."이라고 평가해.

고려는 거란의 위협이 거세지던 무렵부터 수도 개경을 지키는 외성을 쌓기 시작해 현종 대인 1029년에 완성했다. 무려 20여 년에 걸쳐 쌓았는데, 이 외성을 '나성'이라고 했다. 나성의 둘레는 약 23킬로미터로, 18킬로미터인 조선 시대 한양성보다 넓었다. 오늘날 개성에 남아 있는 나성의 성벽 모습이다.

죽을 고비를 수도 없이 넘기고 왕이 되다

목종은 아들이 없었다. 그래서 태조의 손자이자 성종의 사촌 동생인 왕순에게 왕위를 물려주려고 했다. 왕순은 한 번 보고 들은 건 잊지 않을 만큼 총명하고 성품도 너그러워 칭찬이 자자했다. 김치양과의 사이에서 난 자신의 아들을 왕위에 올리려던 천추 태후는 왕순을 없애려고 갖은 수를 다 썼다. 머리를 강제로 깎아 절로 보내는가 하면, 자객을 보내거나 독이 든 음식을 먹여 죽이려고 했다.

1009년, 공포에 떨며 목숨을 이어 가던 왕순은 강조의 추대로 왕위에 올랐다. 8대 현종이다. 현종은 조정의 분위기를 바꿔 왕권을 세우려고 개혁을 실시했다. 음악을 가르치던 교방을 없애고, 목종 대에 크게 늘린 궁녀 수를 줄였다. 또 억울하게 옥살이를 하는 백성을 풀어 주고, 팔관회와 연등회를 다시 열어 백성의 마음을 다독였다.

고려의 위상을 높이고, 문화를 발전시키다

그러나 1010년 11월, 거란군 40만이 침략하는 바람에 위기에 몰렸다. 강조의 죄를 묻는다는 구실을 내세웠으나, 고려가 송나라와 교류하는 걸 막고 '강동 6주'를 되돌려 받으려는 속셈이었다. 이듬해 1월, 거란군이 개경 근처에 이르자, 현종은 전라도 나주까지 피난

갔다. 거란군은 궁궐과 민가를 불태우고, 수많은 역사 기록과 책을 불살랐다. 고려는 하는 수 없이 화의를 요청했다. 거란은 현종이 거란에 와서 신하의 예를 갖추고, 해마다 조공을 바치는 조건으로 돌아갔다. 하지만 고려 왕이 거란에 간다는 건 엄청난 굴욕인데다 까딱하면 송과의 관계도 깨질 수 있었다. 현종은 아프다는 핑계를 대며 버텼다.

1018년 12월, 고려가 약속을 어겼으니 '강동 6주'를 내놓으라며 거란군 10만이 다시 쳐들어왔다. 고려군은 끈질기게 맞서 싸웠고, 결국 거란은 군사를 되돌렸다. 강감찬이 이끄는 고려군은 후퇴하던 거란군을 귀주에서 기다리다 크게 무찔렀다. 다시 평화가 찾아왔다.

현종은 개경에 외성을 쌓고 성곽을 수리하는 등 국방을 튼튼히 하고, 과거를 치러 인재를 뽑아 무너진 왕권을 키웠다. 또 전국의 행정 조직을 '5도 양계'로 가다듬고, 주현에 속한 향리의 정원과 공복을 정하여 강력한 중앙 집권 체제를 마련했다.

문화 발전에도 힘을 기울여 전쟁 중에 불탄 책을 다시 펴내고, 태조에서 목종까지 《7대실록》을 편찬했다. 또 처음으로 대장경을 새기고 불경 6천여 권을 간행했다. 동북아시아의 최강자 거란을 두 차례나 물리쳐 고려의 위상을 높이고, 고려 문화를 한층 끌어올린 현종은 다음 왕에게 안정된 나라를 물려줄 수 있었다.

이 싸움을 흔히 '귀주 대첩'이라고 불러. 하지만 정확하게는 흥화진 삼교천 싸움과 삼교천에서 패한 거란군을 귀주에서 한번 더 크게 무찌른 싸움까지 합친 게 귀주 대첩이야.

나를 아는 데 필요한 정보 ⑦

① 나 왕흠은 1016. 5.~1034. 9.까지 살았고, 1031. 5.~1034. 9.까지 왕이었다.
② 현종의 맏아들로 섬세하고 너그럽게 나라를 다스려 덕종이라는 묘호를 받았다.
③ 대사면령을 내리고, 화합 정치를 폈다.
④ 거란에 대해서는 강경하게 대하는 한편, 거란 관료들이 망명해 오면 적극적으로 받아들였다.
⑤ 거란이 다시 침략했지만 가볍게 물리쳤다.
⑥ 국자감에 처음으로 시험 제도를 도입했다.
⑦ 10대의 어린 왕이었지만, 군사적으로나 외교적으로나 큰 혼란 없이 안정을 누렸다.

나 잘하지, 잘하지?

맞당의 고수!

네! 여부가 있겠습니까?

9대 덕종

소년 왕, 덕으로 다스리다

아버지 시대와 내 시대는 참으로 달라. 아버지 현종은 거란과 전쟁을 치르고, 나라와 백성을 추스르느라 힘든 시절을 보냈지. 하지만 난 아버지 덕에 부강한 나라를 물려받았어. 백성들도 명민하고 너그러운 태자가 왕위를 이었다고 좋아했대. 난 먼저 조정의 신하들을 대부분 갈아 치우고 새 판을 짰어. 새로운 정치를 펴기 위해서였지. 거란에 대해서는 아버지처럼 강경한 자세로 철저하게 요구하고, 따질 건 따졌어. 압록강에 만든 다리를 없애고, 포로로 잡혀 있는 고려 신하를 돌려주지 않으면 국교를 끊겠다고 압박했지. 뒤로는 거란의 침략에 대비해 국경에 성을 쌓았어. 그야말로 병 주고 약 주는 외교술을 발휘한 거야. 거란이 다시 침략했지만 수월하게 물리쳤어. 교육 분야에도 힘을 기울였지. 국자감에 입학 시험 제도를 만들어 실력 있는 인재를 뽑았어. 그런데 그만 병이 들었네. 더 잘할 수 있었는데, 결국 열아홉 살 꽃다운 나이에 죽고 말았어ㅜㅜ.

고려는 거란, 여진, 몽골 같은 북방 민족과 수많은 전쟁을 치렀다. 고려 사람들이 당시 동북아시아를 소용돌이로 몰아넣은 이들 북방 민족을 물리친 비결에는 고려군의 무기도 한몫했다. 주요 무기에는 각궁과 화살, 검차, 쇠뇌, 발석차, 마름쇠, 칼, 창 등이 있었다. 공격 무기인 '당차'이다. 충차라고도 하는데, 앞부분에 철을 둘러씌운 쇠망치 같은 것을 달아 주로 성을 부술 때 사용했다.

나를 아는 데 필요한 정보 ❼

1. 나 왕형은 1018.7.~1046. 5.까지 살았고, 1034. 9~1046. 5.까지 왕이었다.
2. 형 덕종이 아들을 두지 못하고 일찍 죽어 내가 왕위를 이어받았다.
3. 마음이 넓고 영특하며, 과단성이 있다고 칭송받다.
4. 압록강 어귀에서 동해안 도련포까지 장장 천 리에 이르는, 우리나라에서 가장 긴 성을 완성했다.
5. 어머니가 노비이면 자식도 노비가 되는 '노비종모법'을 만들었다.
6. 악공이나 관청의 잡무를 보는 사람의 자손은 과거를 볼 수 없게 해, 귀족 중심의 신분 질서를 다졌다.
7. 맏아들이 재산을 이어받는 '장자 상속법'을 만들었다.

10대 정종

천리장성을 완성하다

난 즉위하자마자 형처럼 하리라 결심했어. 먼저 북쪽 국경 지대를 안전하게 지키는 데 집중했지. 형이 쌓기 시작한 천리장성을 계속 쌓아 나갔어. 그러자 거란이 성 쌓는 걸 중단하고 다시 국교를 맺자고 하대? 난 단호히 거절했어. 그러고는 거란이 붙잡아 놓고 있는 우리 사신들을 돌려보내고, 고려 땅 안에 거란이 쌓은 성을 돌려 달라고 강경하게 요구했지. 그동안 국방을 잘 챙겨서, 거란에게 당하지 않을 자신이 있었거든. 결국 거란은 우리의 요구를 들어주었고, 1038년 국교를 다시 맺어 평화롭게 지냈어. 유비무환! 장성을 계속 쌓았어. 1044년, 마침내 압록강 어귀에서 동해안 도련포까지 천 리에 이르는 장성을 완성했어. 이제 북쪽 국경은 끄떡없었지. 난 나라 안을 챙기는 데 힘썼어. 그런데 온 나라, 온 백성을 보살피려니 근심이 그칠 날이 없더라고. 1035년, 1036년에는 지진이 자주 일어났는데, 다 내 탓 같았지. 결국 스물아홉 살을 넘기지 못하고 죽었어.

천리장성은 거란과의 전쟁이 끝난 뒤인 1033년부터 쌓기 시작해 1044년에 완성했다. 처음부터 새로 쌓은 게 아니라 주요 요새지마다 이미 있던 성과 성을 이어서 쌓았다. 거란, 여진 같은 북방 민족의 침입에 대비하려고 쌓았지만, 국경선 구실도 했다. 자강도 희천시에 있는 천리장성 성벽이다.

나를 아는 데 필요한 정보 ❼

❶ 나 왕휘는 1019. 12.~1083. 7.까지 살았고, 1046. 5.~1083. 7.까지 왕이었다.
❷ 금붙이로 된 용상을 갈아 치우고, 환관과 내시의 수를 크게 줄였다.
❸ 율령을 낱낱이 점검해 형법을 정비했다.
❹ 송나라의 선진 문물을 배우려고, 송의 상인들이 자유롭게 드나드는 걸 허락했다.
❺ 팔관회와 연등회를 다시 열어 불교 발전을 꾀했다.
❻ 최충이 우리 역사상 최초의 사립 학교라 할 수 있는 '9재 학당'을 세워 유학이 더욱 발전했다.
❼ 고려 역사상 최고 전성기를 만들었다.

11대 문종

고려의 황금기를 일구다

아버지 현종과 덕종, 정종 형 덕에 안정된 나라를 물려받았어. 내가 할 일은 고려의 문화를 풍성하게 하고, 대외적으로 위상을 높이는 것! 법을 제대로 고쳐 누구나 공정하게 조사를 받게 하고, 신분 제도를 튼튼히 하여 나라의 안녕을 꾀했지. 내 오른팔 최충이 유교 이념에 따라 법 질서를 완벽하게 가다듬었어. 다음은 거란과 송나라 사이에서 실리 외교를 펴는 것! 난 거란에 고려가 얼마나 강한 나라인지 보여 주었어. 송나라와는 끊긴 외교를 다시 터 선진 문물을 들여와 고려 문화를 더욱 발전시켰지. 물론 신하들의 반대가 만만치 않았지만, 내 왼팔 이자연이 도와주었어. 자랑하고 싶은 게 많네. 궁궐 못지않게 으리으리한 흥왕사, 최충이 만든 9재 학당, 무역선과 외국 상인들로 불이 꺼지지 않는 벽란도…. 마침내 고려는 내 대에 이르러 안팎으로 최고의 번영을 누렸어. '코리아' 세 글자가 예성강의 푸른 물결을 타고 세계로 뻗어 나간 것도 다 내 공이야.

'배 무늬 청동 거울'이다. 거울 윗부분에 '황비청천', 즉 밝게 빛나고 크게 열린 하늘이라는 글자와 함께 돛을 올린 배가 힘차게 항해하는 모습이 섬세하게 새겨져 있다. 고려 사람들이 바닷길을 통해 중국과 활발하게 교류한 사실을 엿볼 수 있다.

유교 질서에 맞게 법과 제도를 정비하다

"법률이란 형벌을 판단하는 규정이다. 법률이 분명하면 형벌에 억울하고 지나친 것이 없을 것이오, 분명치 못하면 죄를 옳게 처리할 수 없을 것이다. 지금 법률에 잘못된 것이 많아 가슴 아프게 생각한다. 자세히 교정하도록 하되 타당하게 할 것이며, 몇 번이나 교정했는지도 기록해 철저하게 밝히고 바로 잡도록 하라."

1047년 6월, 문종은 시중 최충을 불러 지시했다. 올바른 법 제도가 사회를 안정시키는 데 가장 중요하다고 생각했기 때문이다. 최충은 유교 이념에 따라 고려의 형법을 정비했다. 문종은 또 토지와 세금, 관리들의 급료 제도도 순차적으로 다듬어 나갔다. 문종이 통치 기반을 다진 덕에 고려의 위상은 한껏 올라갔다.

자, 다음은 문종이 만든 법이야. 무슨 법인지 상상해 볼까?

1. 3원신수법
2. 고교법
3. 답험손실법
4. 양전보수법

ㄱ) 죄수를 심문할 때 반드시 형관 3명 이상이 참석하여 공정하게 조사하도록 한 법.
ㄴ) 재난으로 손해를 입었을 경우, 관리가 농사 상황을 조사하여 피해 정도에 따라 조세를 줄여 주는 법.
ㄷ) 국자감 학생들이 너무 오래 학생으로 있는 걸 막으려고 유생은 9년, 율생은 6년으로 재학 기간을 제한한 법.
ㄹ) 전시과 제도를 완벽하게 실시하려면 무엇보다 토지를 측량하는 객관적인 기준이 필요하다. 토지를 걸음으로 측량하는 법으로, 1결은 사방 33보로 정했다.

이제 억울하게 옥에 갇히는 사람이 줄어들겠어~.

그런데 관리를 믿을 수가 있나, 쩝.

정답) 잘 생각했어요. 정답이 옹공팡팡 맞네요. 1-ㄱ 2-ㄷ 3-ㄴ 4-ㄹ

최고의 번영을 누리다

고려의 위상이 높아지자 더는 거란과 송나라 사이에서 눈치를 보지 않아도 되었다. 고려인의 자긍심도 덩달아 높아졌다. 1057년, 거란이 압록강 동쪽에 성을 쌓고 다리를 놓으려고 했다. 문종은 계속 사신을 보내 강하게 항의했다. 또 거란의 새 왕 즉위를 축하하는 사절단 편에 항의문을 보내면서까지 강력히 맞섰다.

한편 송나라와는 성종 대인 993년 거란의 침략으로 국교가 끊긴 상태였다. 문종은 고려의 문화를 더욱 발전시키려면, 송나라의 발전된 선진 문물을 들여와야 한다고 여겼다. 당시 송나라는 거란 때문에 군사적으로는 어려움을 겪었지만, 상업이 크게 발달했다. 또 송의 문화와 예술은 세계적인 수준을 자랑했다. 문종은 송나라 상인들이 고려를 자유롭게 출입할 수 있게 하여, 송의 앞선 문물이 자연스럽게 고려에 들어오게 했다.

1058년, 문종은 송나라와 다시 외교 관계를 맺으려고 했다. 하지만 거란과 관계가 나빠진다며 신하들이 강하게 반대해 물거품이 되었다. 문종은 송나라 상인들을 통해 여러 차례 속내를 은근히 송 황실에 전했다. 1068년, 그동안 거란의 눈치를 보던 송나라에서 사신을 보내 정식으로 교류하자고 했다. 3년 뒤인 1071년, 마침내 신하들의 반대를 누르고 송과 정식 외교 관계를 맺었다. 송은 군사 대국인 거란을 견제하려면 고려와 손을 잡을 필요가 있었고, 고려는 송의 발전된 경제, 문화가 필요했던 것이다. 문종의 노력으로 비로소 고려는 주변 나라들과 어깨를 나란히 하며 문화의 황금기를 일구고, 최고의 전성기를 누리게 되었다.

꼬레아, 꼬레아

고려는 주변 나라들과 적극적으로 문물을 주고받았다. 송나라뿐만 아니라 거란, 여진, 일본과도 교역했다. 또 멀리 아라비아 상인들이 타고 온 배가 벽란도에 닻을 내리고 무역을 했다. 일본 사신이 1056년 10월에 고려를 방문했다는 기록도 남아 있다. 예성강 하구의 벽란도는 국제 무역항으로 크게 번성했고, 벽란도에서 황도 개경에 이르는 거리에는 바다를 건너온 진귀한 물건들이 넘쳐 났다. 외국 상인들은 고려를 '꼬레아'라 불렀는데, 이때부터 '코리아'가 널리 알려지게 되었다.

문벌 귀족 사회가 자리 잡다

문종은 당대 최고의 유학자인 최충과 함께 유교 질서에 따라 율령을 정비하고 형법을 체계적으로 정리했다. 이로써 고려는 유교 질서에 따른 중앙 집권 체제가 확립되었고, 문종 대에는 문벌 귀족이 이끄는 귀족 사회가 자리 잡았다. 이자연의 경원 이씨, 최충의 해주 최씨 등이 대표적인 문벌 귀족이었다.

한편 과거를 통해 관직에 나아가려는 열의가 높아져 유학 교육이 더욱 중요하게 되었다.

'해동공자'로 불린 최충은 '9재 학당'을 세워 귀족 자제들을 가르쳤다. 뒤이어 개경에 12개의 학당이 생겼는데, 이를 '사학 12도'라 했다. 유학 열풍은 지방까지 퍼져 나갔고, 유학 사상은 귀족 사회, 문화의 중심이 되었다.

2천 8백 칸 흥왕사를 세우다

문종은 유교 못지않게 불교 발전에도 많은 힘을 기울였다. 넷째 아들 의천을 비롯해 3명의 왕자를 출가시켜 불교를 연구하게 했다. 또 성종 대 폐지한 불교 행사인 연등회와 팔관회를 다시 열었다. 1067년에는 문종의 복을 비는 원찰인 흥왕사를 13년 만에 완공했다. 총 2천 8백 칸 규모인 흥왕사는 궁궐에 버금가게 화려하고 장엄했다. 금 144근, 은 427근을 들여 금탑을 세우고, 절 주변에는 성벽까지 둘러 쳤다. 거주하는 승려만 수천 명이 넘었고, 의천이 주지에 앉아 수많은 불경을 간행해, 불교 문화 발전에 크게 기여했다.

황도 개경

고려 사람들은 고려를 중심으로 세계를 바라보고 고려다운 나라를 꿈꾸었다. 그 나라는 천자가 하늘의 뜻을 받들어 백성을 보살피는 '황제의 나라'였다. 고려 사람들은 황제의 나라에 걸맞게 수도 개경을 '황도'라고 불렀다. 황도 개경은 475년 동안 고려의 정치, 경제, 교육, 문화의 중심지였으며, 온갖 물산과 사람이 몰려드는 생기 넘치는 삶의 무대였다.

황제 나라의 황도, 개경

인종 대인 1123년에 고려에 온 송나라 사신 서긍은 《선화봉사고려도경》에서 "간간이 사신을 보내 고려를 타이르고 달래려고 개경에 들어가지만, 정작 들어가 보면 성곽들이 우뚝우뚝하여 쉽사리 업신여길 수 없다."고 했다. 황제가 사는 황도답게 개경의 위용이 대단했다는 걸 알 수 있다.

황성 송악산 언덕배기에 자리 잡은 황성은 고려 국왕이 황제임을 상징하는 성이었다. 황성 안에는 황제가 사는 정궁, 계림궁이나 부여궁 같은 별궁, 상서성과 어사대 같은 주요 관청이 있었다. 황성이라는 이름은 4대 광종이 개경을 '황도'라고 부른 데서 생긴 것으로 보인다.

황궁 고려 궁궐은 특별한 이름을 붙이지 않고 '본궐'이라고 불렀다. 본궐 안에는 제1정전인 회경전을 비롯해 많은 전각과 문루로 꽉 들어차 있었다. '정전'이란 국왕의 즉위식 같은 나라의 큰 행사를 치르거나 국왕과 신하가 모여 나랏일을 살피는 곳이다. 발굴 조사 결과 궁궐의 기와는 청자 기와로 밝혀졌다.

회경전이 있던 궁궐을 흔히 '만월대'라고 한다. 만월대라는 이름은 홍건적의 침입으로 고려 궁궐이 불타 폐허로 변한 뒤인 조선 시대에 붙여졌다. 모양이 마치 꽉 찬 보름달을 닮아서 '만월대'라고 불렀다고 한다. 만월대 터로 올라가는 축대이다.

내성 황성과 나성 사이에 있던 성곽이다. 나성이 너무 커서 방비에 불리하다고 하여 고려 말인 1391년에 쌓기 시작하여, 조선 초인 1393년 완성했다. 둘레가 11.2킬로미터이다.

나성 송악산, 지네산, 용수산, 부흥산의 능선을 따라 둘레 23킬로미터에 이르는 나성이 황성을 둘러쌌다. 성벽을 따라 선의문(서쪽), 태화문, 회빈문(남쪽), 장패문, 숭인문(동쪽), 탄현문 등 25개의 성문이 있었다. 황성과 개경을 지키는 성곽이다.

"아, 대단하구나. 도성 안의 수만 채 집들은 잉잉거리는 벌 때 모인 것 같고, 큰길 오가는 수천여 사람들은 개미 떼 꿈질거리는 것 같구나." 이규보의 시야. 개경 모습이 상상이 가지?

열린 도시, 열린 사람들

황도 개경은 궁궐과 수많은 절, 시전, 귀족과 관리들이 사는 넓은 기와집, 백성들이 사는 초가들로 꽉 차 있었다. 신분에 따른 주거 제한이 없어서 왕족, 관리, 상인 같은 부자와 가난한 백성, 관청에 속한 노비, 군인, 승려들이 뒤섞여 살았다. 그래도 개경 사람들이 살기 좋아하던 지역은 있었다. 궁궐과 가까운 정승동에는 관리들이, 시전 근처에는 주로 상인들이 살았다. 또 같은 직업끼리 모여 살기도 했는데, 철을 다루는 대장장이들은 철동, 연지를 만드는 사람들은 연지동, 비단을 만드는 사람들은 면주동에 살았다. 뿐만 아니라 외국에서 온 사신이나 상인, 지방에서 올라온 사람들을 통해 다양한 문화가 어우러진 열린 도시였다.

철동에서 만든 고려 시대 쇠솥이다.

나라 안팎의 물산이 개경으로

개경은 남으로 예성강과 임진강이 서해로 흘러들어 나라 안팎으로 물산이 들고 나는 데 편리했다. 개경에는 바다를 건너온 값비싸고 진귀한 물건, 전국에서 올라온 온갖 물산이 넘쳐 났다. 서긍의 《선화봉사고려도경》에 따르면 개경에는 긴 회랑으로 이루어진 시전이 많았는데, 매우 번창했다고 한다. 시전에는 생활필수품인 곡식, 과일, 채소, 땔감, 짚신을 비롯해 송나라에서 수입한 비단과 차는 물론 종이, 책, 도자기, 약재, 목가구, 금속 제품, 화장품까지 없는 물건이 없었다고 한다. 최고 인기 상품은 두말할 것 없이 고려 청자였다. 또 술집과 찻집, 쌍화점이라고 부르는 만두 가게도 있었다. 찻집에서는 낮잠도 잘 수 있었다.

물고기, 연꽃, 화초 무늬를 새겨 넣은 금으로 만든 장신구이다. 어디에 사용했는지는 분명치 않다. 시전에서는 몸을 치장하는 화려한 장신구나 빗, 머리를 장식하는 가발인 '다리'도 팔았다.

개경에는 시전 말고도 기름을 파는 '유시장', 말을 파는 '마전', 돼지를 파는 '저전' 같은 작은 시장도 있었어.

시전에는 물가나 거래 질서를 감독하는 '경시서', 치안을 담당하는 '가구소'라는 관청도 있었어.

조선 후기의 화가, 강세황이 1757년경에 그린 《송도기행첩》 가운데 〈송도전경〉이다. 중앙으로 시원하게 뚫린 길이 개경에서 가장 번화한 남대가이며, 양쪽으로 건물이 늘어선 곳이 시전이다.

꼬레아의 무역항 벽란도

개경 하면 '벽란도'를 떠올리는 사람들이 많듯이 예성강이 바다로 흘러드는 곳에 위치한 벽란도는 황도 개경으로 들어오는 관문이자 고려에서 가장 큰 무역항이었다. 송나라 상인을 비롯해 탐라(제주), 일본, 아라비아 상인들이 타고 온 배가 벽란도에 닻을 내렸고, 벽란도에서 개경에 이르는 길가의 상점에는 바다를 건너온 온갖 진귀한 물건이 넘쳐 났다. 물론 벽란도의 단골 손님은 송나라 상인이었다. 특히 아라비아 배가 들어오면, 낯선 구경거리를 찾아 사람들이 구름처럼 몰려들었다고 한다. 아녀자들은 수정, 상아, 호박 같은 보석을 보고 눈을 반짝였고, 상인들은 후추 같은 향신료를 서로 구하려고 다툼을 벌이기도 했다. 고려를 찾은 외국인 가운데는 고려의 빼어난 산수와 수준 높은 문화에 빠져 개경에 눌러앉은 이도 많았다. 또 아라비아 상인들은 고향으로 돌아가 여행 중 겪은 무용담을 들려주며, 동방에 있는 고려라는 나라를 '꼬레아'라는 이름으로 알렸다. 코리아의 시작이었다.

이규보는 벽란도 풍경을 다음과 같이 시로 읊었어. "물결은 밀려왔다 다시 밀려가고, 오가는 뱃머리 서로 잇대었네…."

무역선뿐만 아니라 지방에서 걷은 세금과 공물을 실은 조운선, 어민들의 고깃배까지 드나들어 벽란도는 그야말로 고려에서 가장 크고 번잡한 항구였어.

고려에서는 아라비아를 '대식국'이라고 불렀다. 《고려사》에 따르면 8대 현종 때 아라비아 사람 100명이 와서 공물을 바쳤다고 한다. 아라비아 상인들이 타고 다니던 배의 그림이다.

나를 아는 데 필요한 정보 7

1. 나 왕훈은 1047. 12.~1083. 10.까지 살았고, 1083.7.~1083.10.까지 왕이었다.
2. 문종의 장남으로 여덟 살에 태자가 되었다.
3. 30년이나 태자로 있다가 서른일곱 살에야 왕이 되었다.
4. 내 장례를 치르는 동안 행정과 국방에 문제가 생길까 봐, 지방관과 진의 장수들에게 함부로 자리를 비우지 말라고 했다.
5. 상복 입는 기간은 하루를 한 달로 치라고 일렀다.
6. 세 명의 부인을 두었으나 자식을 얻지 못했다.
7. 고려 왕 가운데 재위 기간이 가장 짧았다.

12대 순종

3개월 동안 왕 노릇하다

아버지의 유언에 따라 왕이 되었어. 비록 능력은 빼어나지 못했지만, 난 신하들과 하나가 되어 고려를 빛내고 싶었어. 그런데 아버지가 죽자 슬픔을 이기지 못하고 그만 병이 들고 말았네? 안 그래도 약했는데, 갈수록 병이 깊어져 나라를 제대로 다스릴 수 없는 지경에 이르렀어. 손 놓고 있을 수는 없잖아? 그래서 미리 대책을 세웠어. 동생 왕운에게 임시로 나랏일을 맡기고, 내가 죽거든 바로 왕위를 이으라고 했지. 동생은 재능이 많고, 옳고 그름을 제대로 가릴 줄 아는 인재였거든. 신하들에게도 모든 일은 새 왕에게 물어서 처리하고, 충성을 다하고, 내 장례는 소박하게 치르라고 부탁했어. 무엇 하나 제대로 못해 보고 죽는다니 슬프고 너무 한스러워. 그래도 동생이 나라를 잘 이끌어 가리라 믿으니, 마음이 좀 가벼워…. 난 끝내 왕위에 오른 지 3개월 만에 세상을 뜨고 말았어. 그래도 후세가들이 부모를 사랑하는 마음은 지극했다고 칭찬한다니, 그걸로 됐어….

고려 왕이 사용한 청동 도장이다. 고려 국왕은 중국의 천자와 같이 옥책과 인장을 사용해 황제임을 널리 알렸다. 불교의 법을 수호하는 상징 동물의 하나인 사자 두 마리가 앞발로 장식물을 받치고 서 있는 이 도장은 17대 인종 무덤에서 나왔다.

나를 아는 데 필요한 정보 ❼

① 나 왕운은 1049. 9.~1094. 5.까지 살았고, 1083. 10.~1094. 5.까지 왕이었다.
② 어릴 때부터 유교 경전을 줄줄 읽을 만큼 똑똑했다.
③ 시와 문장에도 빼어나 많은 시를 남겼는데, 거란 왕의 생일을 축하하는 시를 본 신하들이 감탄을 금치 못했다.
④ 고려 왕 최초로 승과를 3년마다 정기적으로 실시했다.
⑤ '교장도감'을 설치해 불경을 5천 7백여 권 넘게 찍어 냈다.
⑥ 국자감에 공자의 제자 72명의 초상화를 그려 붙여 놓아, 유교 발전을 꾀했다.
⑦ 일본과 여진은 으르고 달래고, 거란과 송나라는 대등한 관계로 대하며 동북아시아의 외교를 중심적으로 이끌었다.

안팎으로 안정을 누리니, 더할 나위 없이 좋구나~.

불교와 유교가 사이좋게 발전했어.

13대 선종

불교 문화가 꽃피다

"어릴 때부터 총명하고 슬기로웠으며 자라서는 부모에게 효도하고 어른을 잘 공경했다. 성품이 공손하고 소박했으며, 지식이 깊고 넓었다. 경서를 두루 읽고, 특히 글재주가 뛰어났다." 나를 평가한 사관의 글이야. 학식과 인품이 뛰어나고, 문학적 재능이 남달랐다는 걸 알 수 있지? 사실 난 정치에는 별 뜻이 없었어. 형 순종이 자식도 없이 갑자기 죽는 바람에 얼떨결에 왕이 된 거야. 하지만 행운아였지. 아버지 문종이 닦아 놓은 안정된 나라를 고스란히 물려받았으니까. 난 내 취향에 맞는 문화 발전에 힘을 쏟았어. 승려를 길러 내고, 탑을 많이 세우고, 속장경 등을 펴내 어느 왕대보다 불교 문화가 활짝 꽃피었지. 무엇보다 내가 진짜 잘했다고 생각하는 건 외교야. 고려가 주도권을 쥐고 거란, 여진, 일본과 교류했거든. 물론 송나라와도 친하게 지내며 앞선 문물을 받아들여 고려 문화를 한 단계 끌어올렸고. 다만 탑을 너무 많이 세우는 바람에 백성의 원망을 들은 게 마음에 걸려….

선종 대 불교 문화가 꽃핀 데에는 동생 대각 국사 의천의 활약이 컸다. 문종의 넷째 아들로 열한 살에 승려가 된 의천은 송나라에서 불경과 경서 3천여 권을 들여왔다. 또 숙종 대 선종과 교종을 통합해 해동 천태종을 열어, 고려의 불교 발전에 큰 공을 세웠다. 전라남도 순천시 승주읍 선암사에 있는 대각 국사 의천의 초상화이다.

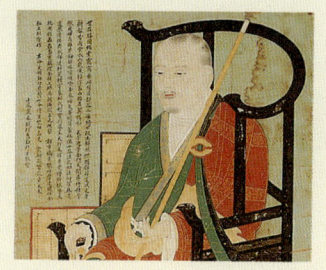

나를 아는 데 필요한 정보 ❼

① 나 왕욱은 1084. 6.~1097. 2.까지 살았고, 1094. 5.~1095. 10.까지 왕이었다.
② 장남으로 왕위 서열 1순위였다.
③ 어릴 때부터 소갈증(당뇨병)이 심해 골골거렸고, 왕이 되어서도 자리에 누워 지내는 날이 많았다.
④ 힘센 삼촌들과 외척들이 서로 왕위를 넘보며 허구한 날 싸워 댔다.
⑤ 결국 가장 힘이 센 왕옹 삼촌이 외척 세력을 몰아내고 권력을 틀어쥐었다.
⑥ 무늬만 왕으로 지내다 끝내 왕옹 삼촌한테 왕위를 물려주고 말았다.
⑦ 아픈 몸을 이끌고 공포에 떨며 지내다 결혼도 못해 보고 열네 살에 세상을 떴다.

> 왕의 자리가 너무 탐나. 묘수가 없을까?

> 아픈 것도 서러운데, 너무 무서워….

> 고래 싸움에 새우등만 터지는구나….

14대 헌종

삼촌에게 왕위를 빼앗기다

아버지 선종한테 왕위를 물려받을 때 내 나이 겨우 열한 살. 왕 노릇 하기에는 어리다며 어머니가 대신 나라를 다스렸지. 신하들은 어릴 때부터 병을 달고 산 나 대신 자질이 빼어난 왕옹 삼촌이 왕이 되기를 바란 모양이야. 그런데 아버지가 덜컥 왕위를 물려주었지 뭐야. 신하들은 날 탐탁지 않게 여겼어. 왕옹 삼촌도 불만이 가득했지. 게다가 외척에 문벌 귀족인 이자의까지 나서서 "왕이 병이 들어 언제 세상을 떠날지 모른다."며 대놓고 날 위협했어. 조정은 왕옹 삼촌 세력과 이자의가 이끄는 외척 세력이 살벌하게 싸우는 통에 하루도 조용할 날이 없었어. 결국 왕옹 삼촌이 먼저 칼을 뽑아 이자의를 죽이고 권력을 쥐었어. 난 목숨이라도 부지하려고 왕위를 넘겨주었지. 아니, 반강제로 빼앗겼다는 게 맞을 거야. 《고려사》에는 "어린아이에게 나라를 맡기게 될 때에는 헌종의 일을 교훈 삼아야 한다."고 했대. 날 보면 틀린 말도 아닌 듯해….

왕조 시대 수도의 중심은 궁궐이었다. 궁궐은 군주인 국왕이 나라를 다스리는 공간이며, 왕과 왕실 사람들이 생활하는 곳이었다. 고려 궁궐의 여러 전각 가운데 제1정전인 회경전이 가장 웅장하고 화려했다. 회경전은 거란이 침략했을 때 불에 탔다. 회경전이 있던 만월대 터에서 나온 용머리상으로, 용은 국왕을 상징한다.

나를 아는 데 필요한 정보 ⑦

1. 나 왕옹은 1054. 7.~1105. 10.까지 살았고, 1095. 10.~1105. 10.까지 왕이었다.
2. 어릴 때부터 총명하고 부지런하고 기질이 굳세고, 학문에도 뛰어났다.
3. 이자의를 비롯한 외척 세력과 싸워 이긴 뒤, 어린 조카를 쫓아내다시피 하고 왕이 되었다.
4. 개경의 문벌 귀족을 누르고 왕권을 키우려고, 한양을 '남경(남쪽의 서울)'으로 삼았다.
5. 점포를 설치해 상업을 발전시키고, '해동통보'를 찍어 유통시켰다.
6. 국자감에 서적포를 두고 수많은 책을 찍어 냈다. 대각 국사 의천이 선종과 교종을 통합해 '해동 천태종'을 열어 유교와 불교가 조화를 이루며 발전했다.
7. 새로운 강자로 떠오른 여진을 정벌하려고 특별 부대인 '별무반'을 설치했다.

15대 숙종

준비된 왕, 고려를 부흥시키다

아버지 문종은 자주 이런 말을 했어. "뒷날 왕실을 부흥시킬 자는 왕옹 너인 듯하다." 대체 아버지는 무슨 근거로 날 이렇게 치켜세웠을까? 난 왕과는 거리가 먼 셋째 아들인데 말야. 그런데 가만 생각해 보니, 아버지는 누구보다 날 제대로 보았어. 성품이며 학식이며 자질까지 뭐 하나 빠지는 게 없었거든. 한마디로 제대로 된 임금감이었던 거야. 하지만 왕의 자리가 쉬이 올 리 있나. 난 속마음을 감추고 힘을 기르며 때를 기다렸어. 골골거리는 조카가 열한 살에 왕이 되자, 틈만 나면 왕권에 도전하던 외척들을 몰아내고 권력을 잡았지. 그러고는 은근히 조카를 겁박해 왕위를 물려받았어. 쿠데타로 왕이 되었다고 수군댔지만, 개의치 않았어. 나라를 잘 다스릴 자신이 있었거든. 난 화폐를 발행하고 상업을 발전시켜 나라 살림을 튼튼히 했어. 또 유교와 불교를 고루 발전시켜 고려 문화를 한층 끌어올렸지. 말년에 여진족 때문에 골머리를 앓긴 했지만, 고려를 부흥시킨 내게 박수 한 번만 쳐 줘.

숙종 대 발행한 금속 화폐인 '해동통보'이다. 동으로 만들었으며, 지름은 2.5센티미터이다. 화폐가 유통되었다는 건 고려 경제가 그만큼 발전했다는 걸 뜻한다. 하지만 백성들은 여전히 쌀이나 베로 물건값을 치러, 생각처럼 화폐가 활발하게 유통되지는 않았다.

조카를 쫓아내고 왕위에 오르다

왕옹은 문종의 셋째 아들로 문종의 사랑을 듬뿍 받았다. 신하들도 자질이 빼어난 왕옹이 왕이 되기를 은근히 바랐다. 왕옹 또한 왕위에 대한 욕심이 컸다. 하지만 형 선종은 열한 살짜리 헌종에게 왕위를 물려주었고, 이자의가 중심이 된 외척 세력이 조정을 거머쥐었다. 왕옹은 무너진 왕권을 바로 세우고, 고려를 다시 일으켜 세우고 싶었다. 1095년 7월, 이자의가 자신의 조카 왕균을 옹립하려는 낌새를 챈 왕옹은 이자의를 역모로 몰아 죽이고 권력을 잡았다. 그리고 석 달 뒤 헌종을 협박해 왕위를 물려받으니, 15대 숙종이다. 하지만 피바람이 몰아친 탓에 민심도 조정도 어수선했다. 숙종은 죄수를 풀어 주고, 노인과 환자를 보살피며 백성의 마음을 다독여 나갔다.

고려를 부흥시키다

이자의를 몰아내긴 했지만 조정은 여전히 외척과 문벌 귀족 판이었다. 숙종은 측근인 소태보 등을 주요 관직에 앉히고, 문벌 귀족을 누르며 왕권을 다져 나갔다. 하지만 개경에

뿌리를 둔 문벌 귀족의 힘은 쉽게 수그러들지 않았다. 숙종은 서경 세력을 끌어들여 남경(한양)을 제3의 수도로 만들어 개경 세력을 누르려고 했다. 1104년, 3년에 걸친 궁궐 공사가 마무리되자, 숙종은 남경에 행차하여 왕의 권위를 한껏 드러냈다.

숙종은 무엇보다 경제를 살리는 데 힘을 쏟았다. 화폐 유통과 상업에 관심이 많던 숙종은 '주전도감'을 설치해 1102년에 '해동통보' 1만 5천 관을 찍어 냈다. 화폐를 사용하면 베나 쌀을 운반하는 백성의 고통을 덜어 주고, 탐관오리가 쌀에 모래를 섞거나 무게를 속이는 짓을 막을 수 있었다. 또 운반할 때 여러 문제가 생겨 관리의 월급을 제때 주지 못하는 문제도 해결할 수 있었다. 나아가 점포를 설치하고 장사꾼들이 무역을 통해 돈을 벌 수 있게 해 상업이 발전하도록 했다. 숙종의 정책으로 경제가 어느 정도 안정되었다.

문화에도 힘을 기울였다. 1101년, 국자감에 '서적포'를 두고 수많은 책을 출판하여 유교가 한층 발전했다. 불교 발전에도 힘써 원효와 의상을 국사로 추증했다. 대각 국사 의천은 선종과 교종을 통합해 '해동 천태종'을 열어 숙종에게 힘을 보탰다.

한편 숙종이 왕권을 다지고 고려의 부흥을 일구는 동안 밖으로는 여진이 힘을 키워 국경을 자주 침입했다. 숙종은 윤관 등을 보내 여러 차례 여진을 쳤다. 하지만 보병 중심인 고려군은 기병 중심인 여진에 번번이 패했다. 숙종은 윤관의 건의에 따라 1104년, 기병 중심의 '별무반' 17만 명을 조직하여 여진 정벌을 준비했다. 그러나 1105년 10월, 병으로 죽는 바람에 여진 정벌은 다음 왕의 숙제로 남게 되었다.

나를 아는 데 필요한 정보 ❼

❶ 나 왕우는 1079. 1.~1122. 4.까지 살았고, 1105. 10.~1122. 4.까지 왕이었다.
❷ 유학에 밝고 시를 좋아하여, 개국 공신을 추모하는 〈도이장가〉를 짓기도 했다.
❸ 여진을 정벌하여 동북 지역에 9성을 쌓았다.
❹ 거란과 여진 사이에서 중립을 지킨 덕에 압록강변에 있는 성 두 개를 돌려받아 영토를 넓혔다.
❺ 국자감을 국학으로 바꾸고, '양현고'와 '7재'를 설치했다.
❻ 송나라에서 '대성악'을 들여와 궁중 음악의 기초를 마련했다.
❼ '혜민국'을 설치하여 가난한 백성들을 치료했다.

16대 예종

여진족을 몰아내다

아버지 숙종 대에 급속하게 힘을 키운 여진은 내가 즉위할 무렵 더욱 강성해져 중국 대륙까지 넘보았어. 우리 국경 지역도 자주 침범했지. 공격은 최선의 방어! 난 여진을 정벌해 본때를 보여 주기로 했어. 윤관이 별무반을 이끌고 가서 동북면까지 내려온 여진족을 국경 너머로 몰아내고 9성을 쌓는 쾌거를 이루었어! 하지만 기쁨도 잠시, 하도 돌려 달라고 애원하는 통에 결국 2년도 채 안 되어 돌려주고 말았네. 거란이라고 무사할 리 있나. 여진의 위협에 시달리던 거란이 원병을 요청하대? 난 거부하고 여진과 거란 사이에서 중립을 지켰어. 그러고는 안으로 눈을 돌려 나라와 백성을 살폈지. 국자감을 살리려고 무신 관료를 기르는 새 강좌를 열고, 장학 제도를 만들었어. 또 아픈 백성을 무료로 치료해 주며 민심을 다독였지. 후세가들이 나를 "전쟁을 중단시키고 문화를 숭상해 아름다운 풍속을 만들었다."며 칭찬한다니, 기분이 좋군. 하하하!

고려를 부모의 나라로 섬기던 여진족은 11세기 완옌부 여진이 힘을 키워 두만강 쪽으로 내려오면서 고려와 부딪쳤다. 1107년, 윤관은 별무반을 이끌고 여진족을 정벌하고, '동북 9성'을 쌓았다. 윤관이 9성을 쌓은 뒤 선춘령에 '고려지경'이라는 네 글자를 새긴 비를 세워 국경을 삼은 사실을 그린 〈고려 척경 입비도〉이다. 조선 후기에 그린 《북관유적도첩》에 실려 있다.

여진을 정벌하고 '동북 9성'을 쌓다

여진이 세력을 키워 국경을 자주 침범하자, 숙종은 별무반을 꾸려 여진을 정벌하려고 했다. 하지만 뜻을 이루지 못하고 세상을 떴다. 예종은 아버지 숙종의 뜻을 이어 여진을 정벌하기로 했다. 그러려면 나라 안부터 살피는 게 중요했다. 백성들이 가난해지는 원인을 찾아 법으로 다스리고, 탐관오리를 처벌하고, 감옥이 없는 세상을 꿈꾸며 백성의 삶을 돌보았다. 더불어 여진 정벌을 본격적으로 준비해 나아갔다.

1107년, 여진족의 움직임이 심상치 않다는 보고가 올라왔다. 예종은 드디어 때가 왔다고 여겼다. 원수 윤관, 부원수 오연총에게 별무반 17만 대군을 이끌고 출전하라는 명을 내렸다. 예종도 몸소 서경으로 가 군사들의 사기를 북돋아 주었다. 고려군의 기세에 놀란 여진족은 뿔뿔이 흩어져 도망치느라 바빴다. 마침내 고려군은 여진족을 두만강 너머로 몰

아냈다. 윤관은 여진족이 물러간 함경도의 주요 지역 9곳에 성을 쌓고 방비를 튼튼히 한 다음 개경으로 돌아왔다. 예종은 크게 기뻐하며 잔치를 열어 군사들을 위로하고, 백성들을 옮겨 가 살게 했다.

하지만 여진족은 툭하면 몰려와 성을 에워싸고 싸움을 걸어 왔다. 그때마다 군사를 보내 여진족을 쳤으나 쉽게 기세가 수그러들지 않았다. 크고 작은 싸움이 이어지면서 고려군의 피해도 만만치 않았다. 그러던 중 여진족이 화의를 요청해 왔다. "지금부터 9대가 지날 때까지 고려를 부모의 나라로 섬기며, 해마다 조공을 바치겠습니다. 결코 나쁜 마음을 품지 않을 것이며, 이 맹세가 변한다면 우리 여진은 멸망할 것입니다. 그러니 제발 9성을 돌려주십시오!"

조정은 여진족을 강하게 물리쳐야 한다는 쪽, 9성이 여진 지역 깊숙한 곳에 자리한데다 지역이 넓어 방비하는 데 어려움이 많으니 돌려주자는 쪽으로 갈렸다. 또 여진이 거란과 손잡고 공격해 오면 감당하기 어렵다는 의견도 나왔다. 결국 1109년, 예종은 고려군에게 철수 명령을 내렸고, 동북 9성은 다시 여진의 손에 들어갔다.

실리 외교를 펴고, 백성을 돌보다

평화가 찾아왔다. 예종은 백성들의 삶을 안정시키고, 문화를 한층 끌어올리는 데 힘을 기울였다. 1112년, '혜민국'을 설치해 가난한 백성들에게 약을 무료로 나누어 주고, 병을 치료해 주었다. 이듬해에는 '예의상정소'를 두어 복식, 예의, 문서 양식 등을 다시 가다듬게 했다. 또 그동안 사학에 밀린 국자감을 살리려고 이름을 '국학'으로 바꾸었다. 그리고 기왕의 6재에 무신 관리를 기르는 강좌를 더해 '7재'를 운영하고, '양현고'라는 장학 재단을 만들어 학문 발전을 꾀했다. 송나라에서 대성악을 들여와, 궁중 음악인 '아악'의 기초도 마련했다.

한편 날로 강성해진 여진은 1115년, 아골타가 금나라를 세우면서 동북아시아의 최강자로 떠올랐다. 금나라에 밀린 거란이 구원병을 요청했다. 예종은 잠자코 있으면서 금과 거란 사이에서 중립을 지켰다. 결국 실리 외교 덕에 거란에 빼앗긴 성 2곳을 찾아오기까지 했다. 1109년, 급기야 금나라가 고려에 형제 관계를 요구했지만, 예종은 거절하고 금의 침략에 대비했다. 하지만 예종의 고민은 깊어 갔고, 끝내 병이 들어 세상을 떠나고 말았다.

나를 아는 데 필요한 정보 ❼

❶ 나 왕해는 1109. 10.~1146. 2.까지 살았고, 1122. 4.~1146. 2.까지 왕이었다.
❷ 성품이 어질고 너그러웠으며 효심이 깊었다. 학문도 좋아했다.
❸ 셋째 이모와 넷째 이모를 왕비로 맞았다. 나의 외할아버지 이자겸은 장인까지 되어 권세가 하늘을 찔렀다.
❹ 이자겸이 왕이 되려고 난을 일으켜 궁궐이 쑥대밭이 되었다.
❺ 묘청이 이끄는 서경 세력이 '서경 천도 운동'을 일으켰으나, 개경파 김부식이 진압했다.
❻ 각 지방마다 '향학'을 세워 지방관의 자제들을 가르쳤다.
❼ 여진족이 세운 금나라와 군신 관계를 맺는 치욕을 겪었다.

고양이한테 생선을 맡긴 격이지….

아버지가 이자겸에게 날 잘 돌보라고 부탁했는데….

17대 인종

흔들리는 고려

아버지 예종은 열네 살 어린 나를 외할아버지 이자겸에게 부탁하고 눈을 감았어. 이자겸은 먼저 눈엣가시 같은 나의 삼촌과 삼촌을 지지하는 이들을 싹 몰아냈어. 아마 나를 위해서 그랬을 거야. 그런데 나한테 이래라저래라 하더니 왕위까지 넘보네. 난 측근들과 함께 이자겸을 없애려고 했어. 하지만 이자겸이 선수를 쳐 난을 일으키는 바람에 죄다 죽임을 당했지 뭐야ㅜㅜㅜ. 단단히 벼르며 때를 기다렸지. 마침내 이자겸과 한 패인 척준경을 꼬드겨 이자겸을 내쫓았어. 고려 최고 문벌 귀족인 이자겸을 내쫓느라 너무 용을 써서 그런가? 나도 만신창이가 되었어. 난 새로운 분위기에서 다시 시작하고 싶었어. 때마침 묘청이 서경이 나라를 부흥시킬 곳이라며 도읍을 옮기자고 하대? 솔깃했지. 그런데 개경 귀족들이 벌 떼처럼 일어나 반대하는 바람에 결국 포기했어. 그러자 이번에는 묘청이 들고일어났어. 결국 두 번의 난으로 고려는 뿌리째 흔들리기 시작했지….

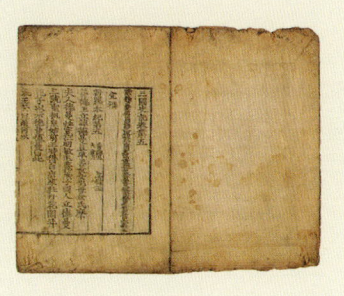

인종의 명을 받고 김부식과 젊은 학자들이 함께 편찬한 《삼국사기》이다. 유교 중심, 문벌 귀족 중심으로 나라를 다스리기 위해 삼국 시대 역사를 정리할 필요성이 있다고 보아 편찬을 진행했다. 총 50권으로 이루어져 있으며, 지금까지 전해 오는 우리 역사책 가운데 가장 오래되었다.

어린 나이에 즉위하다

예종의 뒤를 이어 열네 살의 태자 왕해가 왕이 되었다. 17대 인종이다. 예종이 아끼던 신진 관리 한안인 등은 나라의 안정을 위해 어린 왕해보다 예종의 동생 가운데 하나가 왕이 되기를 바랐다. 하지만 맏아들에게 왕위를 물려주고 싶어 한 예종은 장인이자 최고 문벌 귀족인 이자겸을 믿고 왕해에게 왕위를 넘겼다. 조정은 이자겸 파와 한안인 파가 나름대로 균형을 이루어 별 탈이 없었다.

하지만 시간이 갈수록 균형이 깨졌다. 인종은 한안인을 멀리하며 외할아버지인 이자겸에게 기댔다. 이자겸은 예종의 동생들을 인종 근처에도 못 오게 하고, 조정을 손에 넣었다. 그러고는 뇌물을 받고 관직을 팔았으며, 나랏일까지 집에서 처리했다. 한안인 등이 나서서 이자겸의 잘못을 지적하자, 이자겸은 한안인과 인종의 숙부 왕보 등을 역모죄로 몰아 죽이고, 수백 명을 유배 보냈다. 인종은 이자겸의 눈치만 보며 숨죽이고 지냈다.

이자겸의 난을 겪다

이자겸은 거칠 것이 없었다. 인종에게 '조선국공'이라는 최고 대우를 해 달라고 요구했다. 또 이자겸에게 왕명을 전하는 문서에 이자겸 이름도 못 쓰게 하고, '경'이라 부르지도 못하게 했다. 심지어 자신의 생일을 태자와 동등하게 '인수절'이라고 불렀다. 1124년, 1125년에는 자신의 셋째, 넷째 딸을 인종의 비로 들여보내, 외할아버지이자 장인이 되었다. 여진 정벌에 공을 세운 척준경과도 사돈을 맺어 권력을 더욱 다졌다. 이제 고려는 이자겸의 나라나 다름없었다.

1126년 2월, 더는 이자겸을 두고 볼 수 없다고 여긴 인종은 내시 지녹연 등 측근들에게 이자겸과 척준경을 없애라고 명했다. 궁궐을 장악한 인종 측은 척준경의 동생 척준신 등을 죽여 승기를 잡은 듯했다. 하지만 척준경이 군사를 이끌고 대궐을 공격하는 바람에 인종은 궁지에 몰렸고, 끝내 이자겸의 집에 감금당했다. 이자겸은 인종의 일거수일투족을 감시하며, 왕이 되려는 욕심을 노골적으로 드러냈다. 몇 번이나 음식에 독을 넣어 인종을 시해하려 했으나 왕비의 도움으로 목숨을 건졌다.

인종은 목숨마저 위태롭게 되자, 이자겸과 척준경을 이간질해 이자겸을 없애기로 했다. 모든 죄는 이자겸이 저질렀다며 척준경을 꼬드겼다. 충성을 맹세한 척준경은 1126년 5월, 이자겸과 가족들을 잡아들였다. 인종은 이자겸 일파를 모두 유배 보내고, 왕비인 두 딸도 궁 밖으로 내쫓았다. 이듬해에는 서경 세력인 정지상 등의 탄핵을 받아들여 척준경마저 귀양 보내 이른바 '이자겸의 난'이라 불리는 대 혼란이 막을 내렸다. 하지만 궁궐이 불에 타고 수많은 사람이 죽거나 다쳤다. 왕의 권위는 땅에 떨어지고, 문벌 귀족 사이에 권력 다툼이 벌어져 나라가 더욱 혼란스러워졌다.

수도를 서경으로 옮겨야 하옵니다

왕권은 되찾았으나, 정치가 매우 어지러웠다. 게다가 1126년에 이자겸이 나서서 금나라와 군신 관계를 맺어 놓아, 나라의 체면이 말이 아니었다. 1132년, 묘청과 정지상, 백수한 등 서경 세력이 개혁 정치를 펴 고려의 자주성을 되찾자고 주장했다. 묘청 등은 개경은 땅의 기운이 다했으니 서경으로 도읍을 옮겨 고려를 부흥시키고, 국왕을 황제라 불러 자긍심을 높이고, 금나라를 정벌하자고 했다. 왕권을 키울 수 있는 더없이 좋은 기회였다.

인종은 도읍을 옮기기로 하고, 서경에 궁궐을 지으라고 명했다. 그리고 직접 서경으로 가 궁궐 공사를 지켜보았다. 김부식이 중심이 된 개경의 문벌 귀족이 벌 떼처럼 일어나 서경 천도를 강하게 반대했다. 때마침 인종이 서경에 행차한 날 갑자기 폭풍우가 몰아치는 등 천재지변까지 자주 일어나자, 인종은 결국 서경 천도를 포기했다.

서경 천도가 물거품이 되자 1135년 1월, 묘청과 조광 등은 서경에서 반란(서경 천도 운동)을 일으켰다. 이들은 나라 이름을 '천개'라 하고, 개경까지 진격하기로 했다. 진압 명령을 받은 김부식은 서경으로 떠나기 전 반란군과 내통하지 못하게 개경에 있던 정지상, 백수한 등을 죽였다. 묘청이 이끄는 반란군은 1년여 동안 끈질기게 저항하다 1136년 2월, 끝내 진압당했다.

김부식에게 《삼국사기》를 편찬하게 하다

인종은 즉위 뒤 처음으로 안정된 시간을 보냈다. 서경 천도 운동을 진압한 김부식은 문하 시중에 올라 최고 권력을 누렸고, 조정은 개경 문벌 귀족 판이 되었다. 1140년, 인종은 김부식에게 《삼국사기》를 편찬하라는 명을 내렸다. 이자겸의 난 때 많은 사료들이 불타 사료를 다시 정리할 필요가 있었다. 또 삼국 시대 역사를 정리해 왕실의 권위를 높이고, 임금과 신하들의 잘잘못을 가려 후세의 교훈으로 삼고 싶었다.

김부식은 젊은 관리들과 함께 1145년, 《삼국사기》를 편찬해 인종에게 바쳤다. 인종이 죽기 두 달 전이었다. 하지만 이자겸의 난과 서경 천도 운동으로 고려는 뿌리부터 흔들리기 시작했다.

고려 사람들의 삶

고려 사회는 중앙의 문벌 귀족과 문무 관리, 지방의 향리 등이 지배층을 이루었다. 농민, 수공업자, 상인 같은 양인과 양인보다 더 고된 의무를 져야 하는 향·소·부곡 주민들은 피지배층을 이루었다. 그 아래 가장 천한 노비가 있었다. 고려 사람들은 신분과 직업에 따라 저마다 다른 삶을 살며, 다양한 문화를 만들어 냈다.

> 음서는 조상의 공덕으로 벼슬을 하는 거야. 왕실의 자손, 공신의 자손, 5품 이상 관리의 자손이 받을 수 있었어. 조상의 벼슬이 높을수록 더 높은 벼슬에 오를 수 있었대.

고려 사회의 최고 지배층, 문벌 귀족

문벌 귀족은 최고 지배층으로 많은 특권을 누렸다. 과거나 음서를 통해 관리가 되었으며, 대를 이어 높은 벼슬에 올랐다. 대대로 많은 토지와 노비를 물려받았고, 나라에서 토지와 녹봉까지 받아 재산을 불렸다. 자손들도 집안 덕에 좋은 교육을 받고, 언제든지 관리가 될 수 있었다. 혼인도 왕실이나 문벌 귀족끼리 했다. 문종 대 재상을 지낸 이자연 집안에서는 인종 대까지 왕비를 무려 10명이나 냈다. 문벌 귀족은 무신 정변 이후 몰락의 길을 걷게 되고, 권문세족이 그 자리를 대신했다.

청자 기와를 얹고, 추녀에는 붉은 옻칠을 하고

기록에 따르면 고려 귀족들은 '꽃담'이라 부르는 화려하고 높은 담장에 둘러싸인 수백 칸이 넘는 으리으리한 집에서 살았다. 집 안에는 크고 호화로운 정원을 꾸며 놓았으며, 바다 건너온 화려한 사치품으로 집 안을 장식하고 금, 은, 청자로 만든 값비싼 물건을 썼다.

1300년경에 그린 고려 불화, 〈관경서분변상도〉 중 '왕궁 만다라'이다. 청자 기와를 얹고, 추녀에 붉은 옻칠을 한 왕궁의 모습을 통해 문벌 귀족의 저택을 엿볼 수 있다.

사시사철 비단옷을 입고

귀족들은 비단옷을 즐겨 입었다. 특히 송나라에서 수입한 비단으로 지은 옷이 인기가 높았다. 아낙네들의 치마 폭은 여덟 폭이나 되었으며, 나들이할 때에는 얼굴을 가리는 '가사'라는 비단 너울을 뒤집어썼다. 남자들도 쌀 한 섬 값이 넘는 비단으로 두건을 만들어 썼다.

청자 그릇에 흰쌀밥, 청자 찻잔에 향긋한 차

백성들은 구경하기도 힘든 흰쌀밥을 먹고 쌀로 빚은 술을 마셨다. 육식을 거의 하지 않아 고기 반찬은 귀하디 귀했다. 차를 즐기는 문화가 중국에서 들어와 귀족들 사이에 널리 유행했다. 송나라에서 수입한 고급 차나 고려에서 재배한 차를 청자 찻잔에 담아 마셨다.

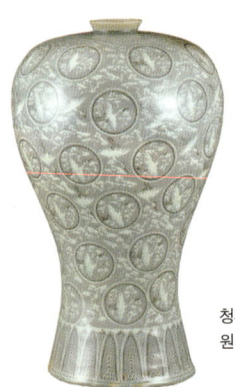

청자 중 빼어난 작품으로 알려진 '청자 상감 구름·학 무늬 매병'이다. 원래는 '매화꽃이 병'이라는 뜻이지만, 문벌 귀족들은 술병으로 썼다고 한다.

> 청자는 빼어난 예술품이자 귀족들의 생활용품이었어. 지붕을 잇는 기와부터 의자, 베개, 그릇, 문방구에 이르기까지 일상생활에서 두루 썼지.

내 고을은 내 손으로

고려 지방 사회는 일반 지역인 군현과 특수 지역인 향·소·부곡으로 이루어졌다. 중앙에서 지방관을 내려보내 다스렸는데, 일부 군현에만 지방관을 파견했다. 지방관이 파견된 지역을 주현, 그렇지 않은 지역을 속현이라고 한다. 주현과 속현, 향·소·부곡의 각 고을마다 향리가 있어서 실제로는 이들이 지방을 이끌어 갔다.

지방의 향리도 문벌 귀족처럼 끼리끼리 혼인했어. 과거를 치러 중앙의 관리가 되기도 했고.

지방 향리가 사용한 것으로 보이는 청동 도장이다.

세금도 걷고, 군대도 지휘하고

향리는 고을의 세금이나 특산물을 거두고, 백성을 부역에 동원하고, 지방의 군대를 지휘했다. 또 나라에서 지급하는 토지와 녹봉을 관리하고, 고을 제사를 지내고, 불교 행사를 후원하여 공동체 의식을 이끌었다.

고을 공동체, 향도

고을 안에서 일어나는 일들은 고을 백성 스스로 해결했다. 혼자 하기 힘든 농사일 같은 것은 모임을 만들어 했는데, 이 모임이 '향도'다. 원래는 불교 신자들이 절이나 탑을 세우는 일을 하려고 만들었으나, 농사나 고을의 경조사 때 서로 도움을 주는 구실도 했다. 대개 향리들이 향도 조직을 이끌었다.

본관이 어디신지?

본관은 호적에 등록된 고을을 나타낸다. 호적은 모든 백성을 행정 구역 단위로 기록한 장부로 세금, 군역, 부역을 매기는 자료가 된다. 나라의 허락 없이는 호적에 등록된 고을을 떠나지 못했는데, 그 고을이 바로 '본관'이다. 즉 여러분이 태어나서 지금까지 서울에서 살고 있다면, 서울이 여러분의 본관인 셈이다. 본관을 벗어나는 경우는 개경으로 올라가 벼슬살이를 할 때뿐이었다.

경상북도 예천군 예천읍에 있는 개심사 터 5층 석탑이다. 예천군과 다인현 두 지방의 향도가 모두 동원되어 1년 넘게 걸려 세웠다.

개경에서 벼슬을 살던 관리가 부정을 저질러 관직을 빼앗기면 고향으로 돌아가야 하는데, 이를 '귀향'이라고 했어. 조선 시대 먼 지방으로 유배 가는 것을 '귀양'이라고 했는데, 귀향에서 나온 말이래.

나라를 먹여 살리는 농민

고려 백성의 대부분은 농민이었다. 문벌 귀족과 농민은 법적으로 같은 양인이지만, 현실은 그야말로 하늘과 땅 차이였다. 문벌 귀족은 갖은 특권을 누리며 호화로운 생활을 했지만, 농민은 농사지어 세금 내고, 군역과 부역을 지느라 과거는 꿈도 못 꾸었다.

세금 내고 나면 남는 게 없네

세금에는 전세, 부역, 군역 세 가지가 있었다. '전세'는 땅에서 거둔 곡식에 매기는 세금으로 수확량의 $\frac{1}{10}$을 냈다. 하지만 남의 땅을 빌려 농사짓는 이들은 땅 주인에게 수확량의 반을 주어야 해 사는 게 팍팍했다. 부역은 나라에서 필요한 노동을 하는 것으로, 해마다 기간을 법으로 정했으나 잘 지켜지지 않아 원성을 사기도 했다. 부역을 질 때에는 연장이나 밥을 스스로 마련해야 했다. 또 16~60세까지 남자는 한 해에 20~30일 동안 국방의 의무인 '군역'을 졌다. 군역을 질 때에도 필요한 무기와 식량, 여비를 스스로 마련해야 해서, 주로 부자 농민, 향리 등이 졌다.

고려 불화인 〈미륵하생경변상도〉에 나타난 고려 농민의 모습이다. 곡식을 베고, 타작하고, 옮기는 모습이 생생히 담겨 있다.

'백정' 하면 흔히 소, 돼지 따위를 잡는 도살업자로 알고 있지? 고려 시대에는 일반 백성을 가리키는 말이었대.

한 공간에서 모든 것을 해결하고

집은 대체로 작았고, 한 공간에서 모든 걸 해결했다. 요즘으로 치면 원룸 아파트 격으로 방, 부엌, 연장 같은 잡동사니를 넣어 두는 곳이 벽도 없이 한 공간에 이어져 있었다. 방에는 온돌을 놓아 난방을 했는데, 방 전체를 덥히는 조선 시대 온돌과 달리 아궁이 가까운 곳만 덥히는 수준이었다.

한겨울에도 거친 삼베옷을 입고

비단옷은 비싸서 못 입고, 한겨울에도 바람이 들어오는 삼베옷을 입었다. 나라에서도 신분에 따라 옷을 입도록 하여, 일반 백성은 비단이나 무늬 있는 옷은 못 입었다. 고려 말인 1363년, 원나라에 사신으로 갔던 문익점이 목화씨를 들여와 목화 재배에 성공하면서 따뜻하고 값싼 무명옷을 입을 수 있었다.

도토리도 귀한 음식

백성들의 주요 먹을거리는 수수, 조, 보리였다. 쌀은 귀해서 먹기 힘들었다. 가을이면 밤이나 상수리나무 열매인 도토리가 중요한 식량이었다. 국수도 밀가루를 수입해 만든 음식이라 웬만한 귀족이 아니면 못 먹었다.

고려 시대 진흙으로 만든 질그릇으로, 일반 백성들이 사용했다.

농민보다 아래, 노비보다 위

농민보다 아래에 특수 촌락에 사는 향·소·부곡 주민과 노비가 있었다. 향과 소, 부곡의 백성들은 노비 같은 천인은 아니지만, 농민이 지는 의무 외에 고을에 주어진 일을 따로 해야 하여 무척 고된 삶을 살았다. 이들 아래 가장 천한 노비가 있었다.

향·소·부곡의 주민들

향과 부곡의 백성들은 주로 관청이나 나라에 딸린 땅에서 농사를 짓고 살았다. 그러나 일반 농민과 달리 교육을 받거나 과거를 볼 자격이 없었고, 내야 할 세금도 더 많았다. 또 나라에서 요구하면 언제든지 불려 가 일을 해야 했다. 소의 주민들은 주로 왕실이나 나라에서 필요한 금, 은, 동, 철, 소금, 종이, 먹, 청자 같은 특산물을 만들었다. 관리가 엄격하고 거두는 양이 많아 가혹한 노동에 시달렸다. 이 때문에 들고일어나기도 했는데, 무신 정권 때 공주 명학소에서 일어난 '망이·망소이의 난'이 대표적이다. 천인은 아니었으나 힘든 삶을 살았고, 사회적으로도 천대를 받았다.

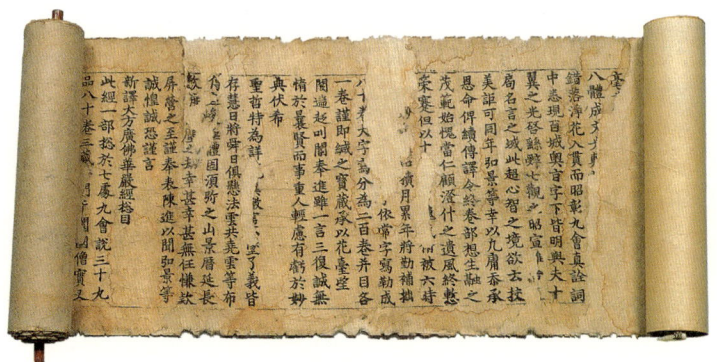

종이를 만드는 지소에서 생산한 고려 종이에 인쇄한 〈대방광불화엄경〉의 일부이다. 고려 종이는 품질이 좋아 중요한 수출품 가운데 하나였다.

천인은 천인끼리 혼인하는 것이 원칙이야. 때로는 양인과 혼인하기도 했으나, 이럴 때는 어머니의 신분을 따라어. 어머니가 천인이면 자식도 천인인 거지.

가장 천한 잡척과 노비

바닷가에서 고기를 잡는 사람, 배 만드는 사람, 가축을 잡는 사람, 떠돌아다니며 버들고리를 만들어 파는 사람, 광대, 악공이나 무당도 천대를 받았는데, 이들을 '잡척'이라고 했다. 노비는 개인이나 관청에 매여 대가 없이 일하는 대표적인 천인이었다. 노비는 토지보다 더 중요한 재산 목록 1호로, 사고팔기도 하고 상속도 하고 선물도 할 수 있었다.

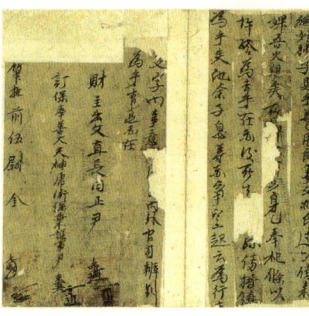

공민왕 대인 1354년, 윤광전이 아들 윤단학에게 노비를 상속한다는 문서이다. 고려 시대에는 노비뿐 아니라 모든 재산을 아들딸 차별 없이 똑같이 물려주었다. 또 똑같이 물려받은 만큼 부모를 모시는 일, 제사를 지내는 일도 똑같이 책임을 졌다.

글쎄, 노비를 '말하는 재산'이라고 했대ㅠㅠ.

18대 의종

무신들이 들고일어나다

"성질이 노는 것과 잔치를 좋아하고, 소인배와 친하여 화를 당했다."
《고려사절요》를 슬그머니 들춰 보니 이렇게 기록해 놓았군. 변명할 생각은 없어. 태자 시절부터 공부는 내팽개치고 노는 데 빠져, 오죽하면 아버지 인종이 태자 자리에서 내쫓으려 했을까. 하지만 나도 처음에는 나라를 잘 다스리고 싶었어. 그래서 문벌 귀족을 누르려고 환관과 내시를 중심으로 왕권을 키우려고 했지. 한데 웬걸? 이들이 오히려 비위를 살살 맞추며 더 놀기 좋은 판을 만들어 주는 거야. 개 버릇 남 못 준다고, 놀기 좋은 곳이라면 때와 장소를 가리지 않고 신나게 놀았어. 안 그래도 오랜 차별에, 월급도 제때 못 받아 불만이 쌓인 무신들은 잔치 때마다 쫄쫄 굶으며 보초까지 서야 하니 나와 문신들이 얼마나 미웠겠어. 결국 참다못해 일어선 무신들 손에 처참하게 죽임을 당했지. 나 때문에 무신이 나라를 다스리는 시대가 되었다니, 낯이 안 서는군….

문신이 중심을 이룬 문벌 귀족 사회인 고려에서 무신은 많은 차별 대우를 받았다. 무신이 오를 수 있는 최고 관직은 정3품 상장군이었고, 전쟁이 나도 문신 출신 상원수의 지휘를 받아야 했다. 황해북도 개풍군에 있는 31대 공민왕 무덤의 무신 석상이다. 고려 시대 무신의 모습을 엿볼 수 있다.

친위 세력을 키우다

인종의 장남으로 열일곱 살에 태자가 된 왕현은 왕위 서열 1순이었다. 하지만 성격이 예민하고 행동이 가벼운데다 노는 데 빠져서 여러 차례 태자를 바꿔야 한다는 소리가 나왔다. 꿈쩍도 않던 인종도 왕현이 문신들과 어울려 시를 즐기고 격구에 빠져 공부를 멀리하자, 마음이 돌아섰다. 그때 인종이 아끼던 정습명이 나섰다. "맹세하겠습니다. 태자를 잘 보필하겠습니다." 인종은 정습명을 믿고 왕현에게 왕위를 물려준다는 유언을 남겼다. 1146년 2월, 인종의 뒤를 이어 왕현이 왕위에 오르니, 18대 의종이다.

의종은 정습명의 도움을 받아 나라를 다스려 나갔다. 하지만 조정의 실권은 서경 천도 운동을 진압한 김부식 등 문벌 귀족이 쥐고 있었다. 문벌 귀족은 툭하면 언관을 앞세워 의종이 하는 일에 어깃장을 놓았다. 게다가 정습명까지 나서서 의종의 행동을 하나하나 간섭하자, 의종은 점차 정습명을 멀리했다. 의종은 자신의 세력을 길러 문벌 귀족을 누르고 왕권을 키우려고 했다. 무신 정중부, 이의민, 이고, 이의방 등을 중심으로 친위군을 강화했다. 또 내시(신진 관리 가운데 왕을 가까이서 돕는 관직)와 환관을 중심으로 힘을 키워 나갔다.

저러니 '환관 정치'라는 소리가 나오지.

나와 함께 무너진 왕권을 키워 보세!

지금까지 너무 홀대받았어. 이번 임금은 한번 믿어 봐…?

우리도 이번 기회에 힘을 길러 보자!

쑥쑥 크랬더니, 너무 쑥쑥 크네. 쩝….

이제야 백 칸짜리 집을 마련했어. 더 긁어 모아 궁궐만큼 큰 집을 지어야지.

왕권 강화는 허울뿐, 향락에 빠지다

의종의 뜻과 달리 갈수록 환관과 내시의 힘이 막강해졌다. 환관 정함은 환관이 해서는 안 되는 허리띠를 두르고 다닐 정도로 위세를 부렸다. 내시 김존중은 관직을 사고파는 등 함부로 권력을 휘둘렀다. 왕권 강화는 허울이 되었고, 나라가 어지러워졌다. 하지만 의종은 나랏일은 팽개친 채 환관, 내시들과 어울려 격구와 수박을 즐겼다. 언관들이 앞다투어 환관과 내시를 처벌하라는 상소를 올렸으나, 아랑곳하지 않았다.

1151년, 의종은 정습명을 내쫓고, 언관들의 간언까지 금지했다. 그리고 문신들과 어울려 경치 좋은 곳을 찾아다니며 잔치를 벌이고 시를 짓고 놀았다. 그러고도 모자라 수많은 정자를 지어 흥청망청 즐겼다. 의종이 지은 정자가 무려 32곳이나 되었는데, 신하의 집을 뺏거나 백성의 집을 헌 곳이 수두룩했다.

문벌 중심의 귀족 사회에서 무신들은 오랜 차별을 받아 왔다. 게다가 월급도 제대로 못 받고 잔치 때마다 주린 배를 움켜쥐고 보초를 서야 했다. 또 툭하면 문신들에게 "무식한 놈들!"이라는 소리를 들었다. 심지어 환관과 내시까지 무신들을 종 부리듯 부려 "왕의 명령이 모두 고자에서 나온다."는 소리가 나올 지경이었다. 갈수록 무신들의 불만이 높아 갔다.

무신들, 들고일어나다

1170년 8월 어느 날, 보현원으로 놀러 가던 의종은 가마를 멈추고 문신들과 한바탕 술판을 벌였다. 의종은 보초 서던 무신들에게 미안했는지 술 석 잔을 걸고 수박을 시켰다. 대장군 이소응이 나섰으나 젊은 무신에게 밀렸다. 그러자 문신 한뢰가 느닷없이 이소응의 뺨을 치며 "대장군의 무술 실력이 고작 그것밖에 안 되느냐?"고 비웃었다. 대장군 정중부가 "이소응은 무신이라도 벼슬이 3품인데 어찌 이토록 모욕을 주는가."라며 분통을 터트렸다. 아슬아슬한 상황을 겨우 넘긴 의종 일행은 저녁 무렵 보현원에 도착했다.

의종이 방으로 들어가고 문신들이 흩어질 즈음 정중부, 이의방, 이고가 기다렸다는 듯이 문신들의 목을 베었다. 한뢰가 의종의 방으로 도망치자 정중부가 쫓아갔다. 정중부는 의종에게 꾸짖듯이 말했다. "나라를 어지럽힌 한뢰의 목을 베게 해 주소서." 한뢰가 의종의 옷깃을 부여잡고 버티자, 이고가 한뢰의 목을 쳤다. 보현원은 삽시간에 피바다가 되었다. 이고와 이의방은 궁궐로 갔다. "무릇 문관의 갓을 쓴 자는 한낱 서리라도 모조리 씨를 말려라!" 무신들은 내시와 문신들을 닥치는 대로 죽였다. 평소 문신들에게 괄시를 받던 하급 무사들까지 나서서 사태는 걷잡을 수 없이 커졌다.

이튿날 의종은 정중부 손에 끌려 궁궐로 돌아왔다. 정중부는 눈엣가시처럼 굴던 김돈중과 문신들을 찾아내 처형했다. 의종은 이고와 이의방의 벼슬을 높여 주어 구슬리려고 했으나 아무 소용없었다. 얼마 뒤 의종은 왕위에서 쫓겨나 거제도로 귀양 갔다. 정중부는 무신들과 의논하여 의종의 동생을 새 왕으로 세우고, 환관들의 집과 재산을 빼앗아 나누어 가졌다. 문벌 귀족 사회인 고려에서 오랜 동안 차별을 받아 온 무신들이 일으킨 이 사건을 '무신 정변'이라고 한다.

김보당의 난으로 죽음을 맞다

1173년, 문신 김보당이 무신들에 맞서 의종을 다시 왕으로 세우려고 난을 일으켰다. 김보당은 의종을 경주로 옮기고 무신 정권에 저항했다. 그러나 이의민에게 패하여 수많은 문신이 다시 떼죽음을 당했다. 의종은 경주 곤원사 연못가로 끌려갔다. 이의민은 의종에게 술 두 잔을 마시게 한 뒤 처참하게 죽여 시신을 경주의 한 연못에 버렸다. 이제 고려는 왕이 아니라 무신이, 지식이 아니라 힘이 지배하는 나라가 되었다. 그 뒤로 무신이 지배하는 시대가 100년 동안 이어지는데, 이 시대를 '무신 정권 시대'라고 한다.

나를 아는 데 필요한 정보 ⑦

① 나 왕호는 1131. 10.~1202. 9.까지 살았고, 1170. 9.~1197. 9.까지 왕이었다.
② 정중부, 이고, 이의방이 형 의종을 쫓아내고 나를 왕위에 앉혔다.
③ 무신들은 자기들끼리 모여 나랏일을 결정했고, 나는 숨도 크게 못 쉰 채 도장만 찍어 주는 신세가 되었다.
④ 무신끼리 서로 권력을 독차지하려고 죽고 죽이는 일이 내가 쫓겨날 때까지 이어졌다.
⑤ 무신들은 권력을 마구 휘두르며 정치를 어지럽히고, 백성의 땅과 재산을 함부로 빼앗았다.
⑥ 문신 조위총이 무신 정권에 반대하며 반란을 일으켰다. 백성들도 곳곳에서 들고일어나 나라가 시끄러웠다.
⑦ 최충헌이 개혁 정치를 펴겠다며 〈봉사 10조〉를 올렸다.

19대 명종

무신끼리 싸우다

내가 과연 왕이었던가? 아무리 돌이켜 봐도 "응. 나는 왕이었어."라는 말이 바로 안 나오네. 내가 왕위에 있으면서 한 일이라고는 무신들 눈치 본 것뿐이니…. 셋째 아들이라 왕에게 필요한 수업도 못 받은데다 무신들이 나를 왕위에 앉혔으니, 상상을 해 봐. 입 한번 잘못 놀렸다가는 쥐도 새도 모르게 죽을 수 있었거든. 그래도 무신 하나가 죽 정권을 잡았으면, 뭐가 해 보려는 시늉이라도 했을지 몰라. 한데 시간이 좀 지나자 무신끼리 서로 권력을 독차지하려고 살벌하게 싸우대. 내가 왕위에 있는 동안 무려 6명의 무신이 번갈아 나라를 다스렸으니, 말해 무엇 해. 그런데 무신들도 별수 없더라고. 뇌물은 기본에 남의 재산을 마구 빼앗고, 맘에 안 들면 함부로 죽이고, 심지어 내 후궁까지 겁탈했으니 나라 꼴이 어땠을지 감이 오지? 백성들은 못살겠다 아우성쳤지만, 난 할 수 있는 게 아무것도 없었어. 결국 이꼴 저꼴 다 보다 마지막 승자인 최충헌의 손에 떨려 나고 말았어.

무신들의 권력 다툼으로 나라가 어지러워지고 지방관의 탐학이 극에 달하자, 수많은 백성이 고향을 떠나 떠돌거나 곳곳에서 무리를 지어 일어섰다. 그 가운데 1193년, 청도의 김사미와 울산의 효심이 힘을 모아 일으킨 봉기가 대표적이다. 김사미가 백성을 끌어모아 일어선 운문사로, 경상북도 청도군 운문면에 있다.

무신이 나라를 다스리기 시작하다

무신 정변을 일으킨 정중부 등은 1170년 9월, 의종을 내쫓고 동생 왕호를 왕위에 앉혔다. 19대 명종이다. 명종은 곧바로 정중부, 이의방, 이고의 얼굴을 그려 궁궐 벽에 붙여 놓았다. 이른바 '벽상공신'이라는 최고 공신 대우를 해 준 것이다. 이어 무신은 3품까지 오를 수 있는 법을 깨고 정중부를 종2품 참지정사에 앉혔다. 이의방과 이고는 정8품에서 종3품 대장군으로 무려 9계단이나 벼슬을 올려 주었다.

무신들은 정책을 결정하는 중서문하성이 있는데도 무신들의 회의 기구인 '중방'에 모여 나랏일을 보았다. 중방이 최고 정치 기구가 되었고, "왕의 기침 소리가 중방에 들려서는 안 된다."는 말이 나올 만큼 위세를 떨쳤다. 명종은 허수아비 왕이 되어 무신들 눈치나 보며 지냈다.

무신끼리 싸우다

시간이 흐르면서 무신들 사이에 권력 다툼이 벌어졌다. 1171년, 이고가 명종마저 죽이고 최고 권력자가 되려고 반란을 꾀하다 이의방에게 죽임을 당했다. 정중부는 이의방의 서슬에 눌려 벼슬을 내놓고 꼼짝도 하지 않았다. 제 세상을 만난 이의방은 마음대로 권력을 휘둘렀다.

1173년, 문신 김보당이 의종을 다시 세운다며 반란을 일으켰다. 위기감을 느낀 이의방은

이고 하급 군인 출신. 성질이 사납기로 유명. 왕이 되려고 반란을 꾸미다 들통나는 바람에 이의방을 죽이려고 했으나, 오히려 이의방에게 살해당함.

이의방 중방을 강화하고, 하급 무신을 지방관으로 보내 지지 기반을 다짐. 딸을 태자비로 삼고 권력을 키우려다 정중부에게 죽임당함.

정중부 대장군 출신. 무신들의 신망이 두터웠으나 권력을 잡자 아들과 사위를 높은 자리에 앉혀 권세를 부리다 경대승에게 죽임당함.

살아남은 문신마저 모조리 죽여 조정을 공포 분위기로 몰아넣었다. 이듬해에는 문신 조위총이 무신 정권을 무너뜨리겠다며 서경에서 일어섰다. 이의방은 직접 군대를 이끌고 나가 싸웠으나 패했다. 이의방은 끝내 정중부의 아들 정균에게 살해당했다. 권력을 잡은 정중부 일가는 함부로 백성의 땅을 빼앗아 재산을 불려 왕 못지않은 부귀와 사치를 누렸다. 심지어 정균은 공주를 달라고 명종을 협박까지 했다.

1179년 9월에는 경대승이 왕과 문신 중심의 정치가 이루어져야 한다고 주장하며 정중부 일가를 죽였다. 경대승은 집에 '도방'을 차리고 나랏일을 보았으나 얼마 못 가 병으로 죽었다. 왕권을 회복할 기회였지만, 너무도 나약하던 명종은 이의민을 불러 군사권을 쥔 병부상서에 앉혔다. 하지만 이의민도 1196년, 최충헌에게 살해당했다.

최충헌은 명종에게 왕으로서 반성하고 정치, 경제, 토지 등을 개혁해야 한다며 〈봉사 10조〉를 올렸다. 하지만 자신의 권력을 다지려는 속셈이 더 컸다. 결국 명종은 최충헌 손에 쫓겨나 강화에서 귀양살이를 하다 병으로 죽었다. 명종 시대에는 무신들의 권력 다툼으로 나라가 몹시 어지러워져 백성에 대한 수탈이 극심했다. 이 때문에 망이·망소이, 김사미, 효심의 난 같은 크고 작은 난이 끊이지 않았다.

경대승 아버지가 불법으로 모은 재산을 군대에 바치고 나름 청렴하게 생활. 무신 정변에 반대하여 정중부를 죽이고 정권을 빼앗아 도방 정치 실시.

이의민 천한 소금 장수 출신으로 무신의 난에 참여해 장군이 됨. 경대승의 서슬에 눌려 고향 경주에서 지내다 경대승이 죽자 정권을 잡고 중방 정치 실시.

최충헌 전통 깊은 무신 가문 출신. 최씨 무신 정권의 기틀을 마련. 무신 정변을 일으킨 무신들과 생각이 달랐으며, 문신을 등용하고 교류.

나를 아는 데 필요한 정보 ❼

① 나 왕탁은 1144. 7.~1204. 1.까지 살았고, 1197. 9.~1204. 1.까지 왕이었다.
② 다섯째 아들이라 왕은 꿈도 꾸지 않았으나, 최충헌이 형 명종을 내쫓고 나를 왕으로 세웠다.
③ 최충헌은 이전 무신 정권과는 다른 정치를 하겠다고 했으나 군사, 인사, 행정권을 모두 쥐고 자신의 집에서 나랏일을 보았다.
④ 최충헌의 독재 정치로 나라가 어지러워져 수많은 백성이 곳곳에서 들고일어났다.
⑤ 최충헌의 노비 만적이 "왕후장상의 씨가 따로 있냐."고 부르짖으며 일으킨 난은 고려의 신분 질서를 크게 흔들어 놓았다.
⑥ 그래도 형 명종처럼 쫓겨나지 않고 죽을 때까지 왕 노릇한 게 내가 누린 행운이라면 행운일까?
⑦ 사관이 나를 평하기를 "사람을 살리고 죽이는 일, 자리에 앉히고 쫓아내는 일 모두 최충헌이 했다. 신종은 허수아비처럼 왕이라는 이름으로 백성들 위에 앉아 있었을 뿐이니 참으로 애석하다."라고 했다.

최씨 무신 정권 시대가 **열렸구나…**.

나는 나는 외로운 허수아비 왕 ㅠㅠ.

20대 신종

최씨 무신 정권이 들어서다

날 나를 왕위에 앉힌 최충헌이 무신들의 권력 다툼을 끝장내자 남몰래 안도의 숨을 내쉬었어. 이름 있는 무신 가문 출신이라 다를 거라고 믿었거든. 그런데 이리 피하니 범 만난다고, 앞의 무신들이 이리라면 최충헌은 범이었어. 최고 권력자가 된 최충헌은 협조하는 이들은 우대하고, 반대하는 이들은 아예 씨를 말려 버리더라고. 특히 '도방'이라고 부르는 최충헌의 사병이 무려 3천이나 되었는데, 나라 군대보다 더 강했지. 난 최충헌이 사복 차림으로 궁궐을 드나들어도 꾸짖지 못하고, 가뭄에 콩 나듯이 보고해도 벌벌 떨며 도장만 찍어 주었어ㅜㅜ. 게다가 최충헌과 그 무리들의 부정부패가 어찌나 심한지 백성의 삶도 엉망진창이 되어 버렸지. 견디다 못한 백성들이 곳곳에서 들고일어나 나라가 위태로웠지만, 허수아비 왕이 무얼 할 수 있었겠어. 결국 최충헌이 모두 진압해 최충헌의 권력만 더 다지게 되었으니, 뒤를 이을 태자가 걱정이네….

무신들의 권력 다툼은 천인도 권력을 잡을 수 있다는 걸 보여 주어 고려의 신분 질서를 흔들어 놓았다. 1198년, 최충헌의 노비 만적은 노비 여섯 명과 함께 노란 종이 수천 장에 일반 백성을 뜻하는 '정(丁)' 자를 써서 나누어 가지고 "노비 문서를 모조리 불태워 버리자."고 결의했다. 하지만 순정이라는 노비의 밀고로 실패하는 바람에 만적을 비롯한 수백 명의 노비는 강물에 던져졌다. 만적과 노비들이 난을 결의한 개경에 있던 흥국사 석탑이다.

나를 아는 데 필요한 정보 ⑦

① 나 왕영은 1181. 5.~1237. 8.까지 살았고, 1204. 1.~1211. 12.까지 왕이었다.
② 맏아들로 아버지 신종에게 정식으로 왕위를 물려받았다.
③ 최충헌을 꺾지 못할 바에는 아예 더 높여 주는 게 낫다고 생각해 '은문상국'이라고 부르며 특별 대우했다. 물론 살아남기 위해서다.
④ 최충헌은 '교정도감'을 두고 나랏일을 혼자 처리했다. 궁궐에 드나들 때에도 관복 대신 화려한 비단옷을 입었지만, 난 찍소리도 못 했다.
⑤ 최충헌은 탐이 나는 물건이나 집은 모두 빼앗았다. 또 백성의 집 100채를 허물고 집을 지었는데, 궁궐 못지않게 으리으리했다.
⑥ 백성들의 원성이 하늘을 찌르고, 곳곳에서 민란이 끊이지 않았다.
⑦ 내시들과 함께 최충헌을 죽이려 했으나 실패하여, 결국 최충헌 손에 떨려 났다.

21대 희종

최씨 무신 정권이 자리 잡다

난 왕실의 예법에 따라 아버지 신종의 뒤를 이어 왕이 되었어. 한마디로 정통성이 확실한 왕이었지. 난 정통성을 앞세워 왕권을 되찾고 싶었지만, 최충헌의 힘이 너무 막강해 엄두도 못 냈어. 확실히 최충헌은 이전 무신들과는 다르더라고. 이름 있는 무신 가문 출신답게 '교정도감'과 '사병', 두 축을 통해 차근차근 정권을 다져 나가는데, 부럽기도 하고 무섭기도 했지. 게다가 재주 있는 문신과 문인까지 등용했는데, 이규보가 단연 뛰어났어. 물론 최충헌에게 충성을 맹세하고서야 벼슬을 받았지만 말야. 또 내 정통성을 내세워 최충헌을 살해하려는 움직임이 여러 번 있었어. 그런데 귀신같이 알아채고 쓸어버리는데 오금이 저려 죽는 줄 알았어. 그만큼 최충헌의 권력이 단단했던 거야. 긴말 않을래. 내 시대는 최충헌의 독재 정치가 판을 쳤어. 개인적인 일에 국법이 필요하면 나를 협박해서라도 얻어 냈으니, 나랏일은 오죽했겠어?

고려 시대 중앙의 문신 관리가 되려면 음서나 문과 과거 시험인 제술과와 명경과에 합격해야 했다. 제술과는 시나 문장을 보았고, 명경과는 유교 경전 지식을 보았다. 조선 시대 선비들이 유교 경전을 적은 죽간을 넣어 두던 경서통이다. 고려의 문신들도 과거를 준비하면서 조선 시대 선비들처럼 경서통을 사용했으리라 짐작한다.

나를 아는 데 필요한 정보 ❼

❶ 나 왕오는 1152. 4.~1213. 8.까지 살았고, 1211. 12.~1213. 8.까지 왕이었다.
❷ 명종의 맏아들로 스물두 살에 태자가 되었으나, 무신들 틈바구니에서 늘 생명의 위협을 느끼며 살았다.
❸ 아버지가 쫓겨날 때 나도 쫓겨나 강화도에서 13년 동안 귀양살이했다.
❹ 최충헌이 조카 희종을 내쫓고 나를 왕에 앉혔다.
❺ 즉위하자마자 최충헌에게 '문경무위향리조안공신' 칭호를 내려 극진히 예우했다.
❻ 내가 맏아들에게 왕위를 물려준다고 하자, 최충헌이 웬일로 그러라고 했다.
❼ 《고려사》에는 나에 대해 "임금으로 있을 때 모든 나랏일은 최충헌의 통제를 받았으며, 갑자기 병에 걸려 왕으로서 행복을 누린 지가 며칠 되지 않으니, 슬픈 일이로다."라고 짤막하게 적어 놓았다.

> 고려의 왕은 내가 아니라 최충헌이야….

> 하늘을 찌르는 권세도 십 년을 못 간다는데, 최충헌은 언제까지 갈까?

22대 강종

최씨 무신 정권이 이어지다

최충헌이 나를 왕위에 앉혔을 때 내 나이 이미 예순이었어. 게다가 오랜 귀양살이로 몸도 마음도 병든 상태였지. 어릴 때부터 무신들의 권력 다툼을 수없이 보고 아버지 명종, 삼촌 신종, 조카 희종이 무신들 손에 쫓겨나는 걸 봤는데 왕 노릇이 하고 싶었겠어? 그래서 바로 최충헌의 교정도감에 나랏일을 모두 넘겨주었지. 그 뒤 3년을 허깨비로 지내다 병상에 눕자, 다음과 같은 교서를 내렸어. "변변치 못한 사람으로 임금이 되어 몇 년째인데, 덕이 없어 막중한 책임을 다하지 못하고 죽음을 눈앞에 두었다. 임금의 자리는 잠시도 비워 둘 수 없는 법. 그래서 태자 철에게 왕위를 물려주려 한다. 태자는 덕행이 있고 총명하여 아랫사람을 이끌 능력이 있으니, 백관들은 새 임금에게 복종하라. 또 내가 죽은 뒤 능은 검소하고 소박하게 만들고, 상복은 3일만 입어라." 부끄럽지만, 왕으로서 유일하게 잘한 일이 있다면 이 교서를 내린 걸 거야.

최충헌이 기반을 다진 최씨 무신 정권은 최우-최항-최의까지 60여 년 동안 이어진다. 최씨 무신 정권은 이전의 무신들과 달리 이규보 같은 문신을 등용해 권력 기반을 다지는 데 이용했다. 고려 불화인 〈지장보살도〉에 등장하는 문신 관리의 모습이다. 복두라는 모자를 쓰고 공복을 입었으며, 허리에 띠를 차고 손에 홀을 들었다. 고려 문신의 모습을 그대로 묘사한 것으로 보인다.

나를 아는 데 필요한 정보 ⑦

1. 나 왕철은 1192. 1.~1259. 6.까지 살았고, 1213. 8.~1259. 6.까지 왕이었다.
2. 태자 시절 아버지 강종과 함께 강화도에서 14년 동안 귀양살이를 했다.
3. 내가 왕위에 있는 동안 최우-최항-최의-김준이 차례로 권력을 잡았다.
4. 몽골의 침략에 맞서 강화도로 도읍을 옮겼다. 결정은 최우가 했고, 난 군말 없이 따랐다.
5. 몽골이 일곱 차례나 쳐들어와 온 나라가 쑥대밭이 되었다.
6. 불교의 힘으로 몽골을 물리치려고 대장경을 다시 만들었다. 바로 '팔만대장경'이다.
7. 재위 기간 45년 10개월로, 고려 왕 가운데 가장 길다.

애고, 몽골군 피해 강화도에 붙박여 지낸 것 빼고는 한 일이 없네ㅠㅠ.

왕은 곧 국가! 긴 세월, 꿋꿋하게 버틴 것만으로도 대단합니다.

23대 고종

몽골이 침략하다

여전히 무신들이 나라를 다스렸어. 음. 날 어떻게 소개할까? 몽골과의 28년 전쟁, 강화도 궁궐, 팔만대장경…. 이 셋을 기억하면 될까? 몽골의 침략은 정말 끔찍했어. 몽골군이 지나간 자리는 모두 잿더미로 변했고, 시체가 산을 이루었지. 황룡사 9층 목탑도 불타고, 농사도 짓지 못할 만큼 온 나라가 폐허가 되었어. 최우가 세계 대제국을 건설한 몽골을 힘으로 당할 수 없으니 일단 강화도로 옮겨 대책을 세우자고 하대? 아무 힘이 없던 난 그러라고 했지. 몽골군의 말발굽 아래 짓밟히는 백성을 두고 강화도로 향하던 날을 잊을 수가 없네ㅜㅜ. 난 몽골이 원하는 대로 개경으로 돌아가 몽골과 화해하고 싶었지만, 무신 정권은 생각이 달랐어. 권력을 유지하는 게 더 중요했나 봐. 결국 무신 정권이 몰락하면서 태자를 몽골에 인질로 보내 화의를 맺고 전쟁을 끝냈어. 생각해 보니, 한 일이라고는 45년 동안 수치를 견디며 왕위를 보전한 것밖에 없네….

몽골의 침략으로 강화도로 도읍을 옮긴 뒤 세운 고려 궁궐 터이다. 1232년~1270년까지 사용했으며, 《고려사절요》에 따르면 최우가 지었다고 한다. 규모는 작으나 개경의 궁궐과 비슷했고, 뒷산 이름도 송악산이라 불렀다. 정궁 외에 행궁과 가궐 등 많은 궁궐이 있었는데, 정궁이 있던 자리로 추정한다. 인천광역시 강화군 강화읍에 있다.

나라 안팎이 흔들리다

왕철은 명종의 장손이자 강종의 맏아들이었다. 하지만 할아버지 명종이 최씨 무신 정권에 폐위당하면서 아버지 고종과 함께 강화도에서 14년 동안 귀양을 살았다. 강종이 왕위에 오르자 다시 태자가 되었고, 강종의 뒤를 이어 왕이 되니 23대 고종이다.

고려는 안으로는 20대 신종 대에 최충헌이 정권을 잡은 뒤로 최씨 무신 정권의 독재가 이어져 나름 안정기를 누렸다. 하지만 밖으로는 중앙아시아에서 일어난 몽골이 중국 대륙을 휩쓸기 시작해 동북아시아가 혼란스러워졌다. 몽골에 쫓긴 거란은 압록강을 건너 고려를 위협했고, 급기야 개경까지 밀려들었다. 거란을 막기에도 벅찬데 1218년, 몽골군까지 거란을 함께 토벌하자는 구실을 앞세워 고려 국경을 넘었다. 고려는 마지못해 몽골군과 함께 거란군을 몰아냈다.

몽골이든 거란이든 불안하기는 마찬가지였다. 아니나 다를까. 몽골은 1219년, 고려에 형제 관계를 맺자고 요구했다. 갑론을박 끝에 몽골의 요구를 들어주기로 했다. 하지만 몽골은 갈수록 무리하게 조공을 요구했다. 두 나라 사이에 점점 긴장감이 높아 갔다.

1차 침입
- 1231년, 살리타가 이끄는 몽골군이 쳐들어와 지나는 마을마다 쑥대밭이 되었다.
- 고려는 엄청난 공물을 주고 몽골과 평화 조약을 맺었다.
- 1232년, 몽골군은 서경을 비롯한 72곳에 내정을 간섭하는 다루가치를 두고 물러났다.
- 1232년 6월, 강화도로 도읍을 옮겨 대몽 항쟁을 계속하기로 했다.

2차 침입
- 1232년, 살리타가 개경으로 돌아올 것을 요구하며 침략했다.
- 몽골군은 경상도까지 치고 내려가 속장경을 불태우는 등 갖은 행패를 부렸다.
- 처인성에서 승려 김윤후가 쏜 화살에 맞아 살리타가 죽자, 군사를 돌렸다.

3차 침입
- 1235년, 개경으로 환도하고 고종이 몽골로 와 인사할 것을 요구하며 침입했다.
- 경상도와 전라도까지 몽골군에 짓밟혔고, 경주 황룡사 9층 목탑이 불탔다.
- 민족의 힘을 모으려고 1236년부터 팔만대장경을 새기기 시작했다.
- 고종이 몽골에 들어가 인사할 것을 요구하며 물러났다.

4차 침입
- 1247년, 고종이 몽골로 들어와 인사하고, 개경으로 환도할 것을 요구하며 침입했다.
- 황해도와 평안도 지역을 노략질했다.
- 몽골 황제가 죽자 서둘러 철수했다.

몽골, 28년 동안 일곱 차례 침략하다

1225년, 몽골 사신 저고여가 돌아가는 길에 괴한에게 피살당했다. 고려와 몽골 사이는 악화되었고, 몽골 태종은 중국을 통일하기 전에 고려 먼저 침략하기로 했다. 1231년 8월, 살리타가 이끈 몽골군이 파죽지세로 치고 내려와 개경을 포위하고 청주까지 내려갔다. 고려는 더 큰 피해를 막으려고 엄청난 양의 금, 은, 옷감 등을 주고 몽골과 강화를 맺었다. 몽골군은 서북면에 감독관인 다루가치를 남겨 두고 물러갔다. 무신 정권을 이끌던 최우는 위협을 느끼고, 강화도로 도읍을 옮겨 몽골군에 맞서자고 했다. 고종은 군소리 없이 허락했다. 몽골은 그 뒤로 여섯 차례나 더 침략해 온 나라와 백성을 짓밟았다.

나라에서는 백성의 마음을 모으고 불교의 힘으로 몽골을 물리치려고 1236년, '대장도감'을 설치하고 '팔만대장경'을 새겼다. 몽골은 고려 조정에 개경으로 돌아오고, 고종이 몽골에 직접 와서 항복하라고 했다. 하지만 무신 정권은 몽골에 맞서 싸워야 한다며 들은 체도 안 했다. 1258년 12월, 고려는 몽골의 요구를 받아들였다. 이듬해 4월, 태자가 40여 명의 대신을 이끌고 몽골에 가 예를 올렸고, 28년 동안 벌어진 끔찍한 전쟁도 끝났다.

5차 침입
- 1253년, 다시 침략했다.
- 고려의 피해가 막심하자 고종은 처음으로 강화도에서 나와 몽골 사신을 맞이했다.
- 충주성에서 70여 일 동안 치열한 공방전이 벌어졌다. 불리해진 몽골군은 철수했다.

6차 침입
- 1254년, 고종의 입조와 개경 환도를 요구하며 쳐들어왔다.
- 고려 땅 전체가 몽골군에게 짓밟혔고, 포로가 된 사람만 20만 명이나 되었다.
- 고려군이 끈질기게 저항하자, 고종 대신 태자가 몽골에 들어와 인사해도 된다고 했다.
- 고려가 몽골의 요구를 받아들이겠다고 하자 물러갔다.

7차 침입
- 1257년, 태자가 몽골에 들어올 것을 요구하며 쳐들어왔다.
- 고려 조정이 개경으로 돌아가고, 태자가 몽골로 들어가기로 약속하자 물러났다.
- 1259년, 태자가 몽골로 출발하면서 28년 전쟁이 끝났다.

불교의 나라, 고려

고려는 우리 역사를 통틀어 불교가 가장 번창한 시대였다. 위로는 국왕으로부터 아래로는 백성에 이르기까지 부처의 말씀을 새기며 불교에 기대어 살았다. 국왕은 궁궐의 전각을 드나들 듯 절에 행차했고, 백성들은 조상의 명복, 현생과 내생의 복을 빌었다. 고려의 불교는 사회, 경제적으로도 큰 영향을 끼쳤다.

> 승려가 되려면 승과를 봐야 했어. 승진을 거듭해 맨 꼭대기에 이르면, 왕의 스승인 '왕사'나 나라의 스승인 '국사'가 되어 백성의 존경을 받았지.

하늘의 뭇별처럼 늘어선 절

고려 시대 절은 산속에 있지 않고 사람 사는 곳 가까이에 있었다. "개경에는 마치 하늘의 뭇별처럼 절이 늘어서 있었다."는 기록이 있을 만큼 개경에만 크고 작은 절이 500여 곳이나 되었다. 규모가 큰 절은 수많은 승려, 절에 딸린 노비, 드나드는 사람들로 늘 북적였다. 큰 절들은 귀족에 버금가는 넓은 땅을 소유하고 노비를 부려 농사를 짓고, 남는 땅은 소작을 주었다. 또 시장 못지않은 상업 중심지 노릇을 했다. 절에서 필요한 물건을 사들이고, 쓰고 남은 곡식을 비롯해 소금, 기름, 파, 마늘 같은 것을 팔았다. 심지어 술도 빚어 팔았다. 또 가난한 백성에게 곡식을 빌려주고, 턱없이 높은 이자를 받아 원성을 사기도 했다.

황해북도 개풍군 신성리에 있는 석불 입상으로 거대한 몸집, 꾹 다문 입술, 무뚝뚝한 표정이 고려 석불의 특징을 잘 담고 있다.

고려 시대 절 건축물인 수덕사 대웅전으로, 충청남도 예산군 덕산면에 있다.

왕실이나 귀족 가문의 자제 중 한두 명은 승려가 되었는데, 가문의 명예를 높이는 일로 여겼다. 전라남도 순천시 송광사에 있는 보조 국사 지눌의 초상화이다.

한바탕의 축제, 팔관회와 연등회

팔관회와 연등회는 고려 사람들이 손꼽아 기다리는 명절이자 축제였다. 해마다 11월 보름에 열리는 팔관회는 불교를 중심으로 백성들이 믿는 하늘 신, 산과 강의 용신에 제를 올리는 국가 행사이자 온 나라의 축제였다. 중앙은 물론 지방의 관리, 송과 거란, 여진, 일본의 상인까지 와서 국왕에게 예를 올리고 선물을 바쳤다. 밝은 보름달 아래 황제를 위한 만세 소리가 울려 퍼지면 왕부터 백성까지 맘껏 즐겼다. 연등회는 부처를 위해 등불을 공양하는 행사로, 등불은 지혜를 뜻한다. 고려 사람들은 등을 밝혀서 마음을 맑고 밝고 바르게 하여 부처의 덕을 기렸다. 연등회는 매년 2월 14~15일에 열렸다.

> 부처님 덕에 그대를 만나 아름다운 사랑을~.

연꽃은 불교와 깨달음을 얻은 부처를 상징한다. 진흙이나 더러운 물에서 자라지만, 아름다운 꽃을 피우는 연꽃처럼 인간도 세속에 물들거나 매이지 않고 깨달음을 얻기를 바랐다.

> 불교뿐 아니라 도교, 유교, 무속 신앙도 널리 믿었어. 그만큼 열린 사회였지.

대장경에 새긴 고려 사람들의 마음

고려 사람들은 외적의 침입으로 나라가 위태로울 때마다 백성의 힘을 한데 모으고, 부처의 힘을 빌려 적을 물리치려고 대장경을 새겼다. 최초의 대장경은 현종 대 거란이 침략했을 때 새긴 '초조대장경'이다. 초조대장경은 몽골의 2차 침입 때 불타 없어졌다. 고종 대 몽골군을 몰아내려고 다시 대장경을 새겼다. '팔만대장경'이다. 팔만대장경을 만드는 데에는 엄청난 돈이 들어갔는데, 최우부터 평범한 백성까지 시주를 했다. 또 나무꾼, 기술자, 승려, 학자 등 백성이 총동원되어, 약 16년에 걸쳐 만들었다. 목판 8만 1258장, 새긴 글자 수 약 5200여 자에는 나라와 백성의 안녕을 비는 고려 사람들의 마음이 오롯이 담겨 있다.

"부처님의 공덕으로 나라와 부모님이 평안하기를 비옵니다~."

팔만대장경을 보관해 놓은 장경각이다. 세 계곡이 만나는 지점에 자리해 주위에 부는 바람이 환기, 온도, 습도를 자연적으로 조절해 주어 대장경판이 썩지 않는다. 유네스코 세계 문화 유산으로 등재되어 있다.

경상남도 합천군 해인사 장경각에 보관 중인 팔만대장경 목판으로, 유네스코 세계 문화 유산으로 등록되어 있다. 각 목판은 평균 길이 68~78센티미터, 폭 약 24센티미터, 두께 2.7~3.3센티미터, 무게 3~4킬로그램으로, 가로로 눕혀 쌓으면 백두산 높이에 가깝다.

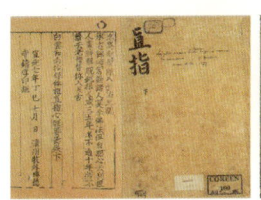 

고려 시대는 목판 인쇄술뿐만 아니라 청동을 주조하고 먹과 종이를 만드는 수준 높은 기술을 바탕으로 세계에서 처음으로 금속 활자를 발명했다. 1377년, 세계 처음으로 금속 활자로 인쇄한 《직지심체요절》(왼쪽)과 금속 활자 판(오른쪽)이다.

보살을 그리는 마음, 불화

고려 시대에는 불교의 가르침을 쉽게 깨닫고 널리 퍼트리려고 불교 경전을 그림으로 많이 그렸다. 불교와 미술의 만남, 즉 '불화'이다. 고려 사람들은 불화로 절 안을 장엄하게 꾸며 놓고, 불화 속 보살에게 평안하고 행복한 삶을 살게 해 달라고 빌었다. 극락정토에서 중생을 구하는 아미타불과 양옆에서 아미타불을 모시는 관음보살, 지장보살을 가장 많이 그렸다. 고려 불화는 아름다운 모습, 섬세하고 정교한 묘사, 우아하고 화려한 색채로, 세계 불교 미술의 최고봉으로 평가받는다.

"관세음보살, 나무아미타불!"

고려 후기에 그린 〈수월관음도〉이다. 관음보살은 누구라도 이름을 부르면 현실의 고통을 덜어 주고, 극락으로 이끌어 준다는 보살이다. 인기가 높아 불화나 조각상으로 많이 만들었다.

몽골과 무조건 친하게 지내는 게 장땡!

태자를 원나라 공주와 혼인시키다니, 너무 나간 거 아냐?

 **나를 아는 데 필요한 정보 ⑦**

① 나 왕식은 1219. 3.~1274. 6.까지 살았고, 1259. 6.~1274. 6.까지 왕이었다.
② 강화를 청하려고 태자 신분으로 몽골에 갔다. 한마디로 인질이나 다름없었다.
③ 무신 임연에게 폐위되었으나, 몽골의 도움으로 다시 왕이 되었다.
④ 마지막 무신 임유무를 없애 100년 무신 정권 시대를 끝냈다.
⑤ 강화도 궁궐 생활을 마감하고 개경으로 돌아왔다.
⑥ 몽골의 힘을 빌려 '삼별초의 난'을 진압했다.
⑦ 원나라가 공녀를 요구하자 '결혼도감'을 설치해 공녀를 뽑아 보냈다.

24대 원종

몽골의 힘을 빌려 왕권을 되찾다

몽골과의 긴긴 전쟁을 끝내려고 태자인 내가 몽골로 갔어. 그런데 얼마 안 되어 아버지 고종이 세상을 떠나는 바람에 고려로 돌아와 왕위에 올랐지. 난 몽골의 힘을 빌려 왕권을 되찾으려고 했어. 때마침 몽골에서 들어오라네? 무신들은 굴욕이라며 반대했지만, 나에게는 절호의 기회! 도와주겠다는 약속을 받고 귀국하던 길에 개경으로 돌아간다고 선언했어! 무신들은 거세게 반발하며 끝까지 몽골과 싸우겠대. 난 끝내 개경으로 환도해 몽골에 약속을 지키는 모습을 보여 주었어. 몽골은 원으로 이름을 바꾸었고, 난 원의 힘을 믿고 무신 정권의 마지막 권력자 임유무를 몰아냈어. 내가 100년 만에 왕권을 되찾다니, 너무도 감격스러웠어! 하지만 삼별초가 고려의 자주성을 찾겠다며 난을 일으켰지 뭐야. 내 힘으로 어찌 막겠어? 결국 원의 힘을 빌렸지. 왕권만 찾으면 뭐 해. 이제 고려는 사사건건 원나라의 눈치를 봐야 하는 신세가 되었는데ㅠㅠ.

몽골에 항복하고 1270년, 개경으로 돌아갈 것을 결정하자, 배중손이 이끄는 삼별초는 고려 조정에 거세게 반발하며 몽골에 맞서 계속 싸우기로 결정했다. 강화도에서 진도로 근거지를 옮긴 삼별초는 용장성을 쌓고, 이듬해 여몽 연합군의 공격으로 제주도로 옮길 때까지 끈질기게 저항했다. 1270년 8월부터 9개월 동안 삼별초 부대가 대몽 항쟁을 펼친 용장성 터로, 배중손이 쌓았다고 한다.

무신 정권, 마침내 무너지다

태자 왕식은 1259년 4월, 몽골과 강화를 맺으려고 몽골에 들어갔다. 하지만 볼모나 다름 없었다. 그해 6월, 고종이 세상을 떠나고 왕위를 물려받으니, 24대 원종이다. 그러나 즉위식은 이듬해 고려로 돌아와서야 치렀다. 당시 고려 조정은 왕실 중심의 친몽파와 무신들이 이끄는 반몽파로 갈라져 있었다.

원종은 개경으로 환도하라는 몽골과 강화도에서 몽골과 끝까지 싸우겠다는 무신들 사이에서 고민했다. 원종은 몽골의 힘을 빌려서라도 무신들에게 빼앗긴 왕권을 되찾고, 왕실의 권위를 세우고 싶었다. 하지만 힘이 없어서 무엇 하나 제대로 할 수 없었다. 나랏일은 뒷전인 채 그저 몽골과 관계를 돈독히 하는 데 온 힘을 기울였다. 1261년에는 태자를 보내, 세조 쿠빌라이의 즉위를 축하했다. 1264년에는 몽골이 직접 들어오라고 하자, 몽골로 가 왕권을 되찾을 수 있게 도와 달라고 청했다.

그 무렵 무신 정권은 김준이 이끌고 있었다. 김준은 마음대로 권력을 휘두르며 탐학을 일삼아 원성이 자자했다. 1268년, 몽골은 사신을 보내 김준에게 몽골로 오라고 했다. 두려움을 느낀 김준은 몽골 사신을 죽이고, 원종마저 없애려고 했다. 낌새를 챈 원종은 무신 임연 등을 시켜 김준을 죽였다. 권력을 쥔 임연 또한 개경으로 환도할 마음이 전혀 없었다. 이듬해 임연은 끝내 원종을 내쫓고 원종의 동생, 안경공 창을 왕으로 세웠다.

두 손 놓고 구경만 할 몽골이 아니었다. 임연을 위협해 원종을 복위시키고, 책임을 물을 테니 몽골로 오라고 했다. 두려움에 떨던 임연은 1270년 병이 들어 죽고, 아들 임유무가 권력을 잡았다. 그러나 임유무도 몇 달 못 가 원종이 보낸 자객에게 죽임을 당했다. 마침내 100년을 이어 온 무신 정권 시대가 막을 내렸고, 같은 해 원종은 개경으로 돌아왔다.

삼별초가 난을 일으키다

개경으로 돌아가면 권력을 잃을지도 모른다고 생각한 무신들은 환도를 강하게 반대했다. 특히 무신 정권의 충실한 군대 노릇을 하고, 대몽 항쟁을 활발히 편 삼별초의 반발이 거셌다. 원종은 삼별초가 강화도에서 나오지 않자, 해산하라는 명을 내리고 명단을 압수했다. 삼별초는 끝내 반란을 일으켰다.

강화도에서 오래 버틸 수 없다고 생각한 삼별초는 배중손의 지휘 아래 배 1000척에 온갖 물자를 싣고 진도로 갔다. 왕도 세우고 조정도 만들고 관리도 뽑았다. 또 성을 쌓고 궁궐도 지었다. 삼별초는 진도를 근거지로 삼아 탐라(제주)를 비롯한 근처 섬들을 손에 넣고, 전라도와 경상도까지 위협했다. 또 개경으로 올라가는 조운선까지 빼앗는 바람에 세금을 제대로 거둘 수 없었다. 원종은 몽골의 힘을 빌려 삼별초를 쳤다.

1271년, 김방경이 이끄는 고려군과 몽골군은 1년여에 걸친 공격 끝에 진도를 함락시키고 배중손을 잡아 죽였다. 삼별초는 근거지를 탐라로 옮겨 저항했으나, 2년 뒤 완전히 진압당했다. 1271년, 몽골은 원으로 이름을 바꾸었다. 원종은 원에 더욱 기대었고, 1274년에는 태자를 원 황제의 딸과 결혼시켰다. 원의 입김은 갈수록 세졌다.

나를 아는 데 필요한 정보 ❼

❶ 나 왕거는 1236. 2.~1308. 7.까지 살았다. 1274. 6.~1298. 1.까지, 1298. 8.~1308. 7.까지 왕이었다.
❷ 원나라 세조의 딸 제국 대장 공주와 결혼했다. 그래서 고려는 내 대부터 원의 사위 나라가 되었다.
❸ 원나라는 고려의 품격이 원보다 낮아야 한다며, 제도는 물론 왕과 관련된 호칭까지 모두 바꾸라고 했다.
❹ 때맞춰 원나라에 엄청난 공물과 공녀를 바치고, 원이 일본을 정벌하는 데 필요한 군사와 물자를 대느라 백성의 고통이 극심했다.
❺ 원나라에 빌붙은 부원 세력이 성장하여 정치를 어지럽히고, 백성의 땅을 함부로 빼앗아도 원 눈치 보기 바빴다.
❻ 원나라가 지배하던 탐라를 돌려받아 '제주'라 이름을 바꾸었다.
❼ 안향이 '주자학'을 들여와, 고려 말 성리학이 발전하는 발판을 마련했다. 또 승려 일연이 《삼국유사》를 썼다.

25대 충렬왕

원나라의 사위 나라가 되다

내가 개경 거리로 들어서자 백성들이 구름처럼 몰려들었어. 그런데 몇 년 만에 귀국하는 날 바라보는 백성들의 표정이 이상하지 뭐야? 주저앉아 통곡하는 백성까지 있더라고. 곰곰 생각해 보니 변발에 호복 차림인 내 모습 때문인 듯했어. 백성들 눈에는 영락없이 원나라 사람으로 보였을 테니까. 난 원나라가 하라는 대로 고분고분 다 했어. 심지어 왕을 부르는 호칭에 '충' 자를 붙이라고 하대? 그래서 내가 '충' 자 붙은 첫 번째 왕이 된 거야. 그뿐인가? 맘에 안 들면 왕도 갈아 치우는 바람에 한 번 쫓겨났다가 다시 왕이 되었어. 나는 사위 나라이니 어쩔 수 없다고 생각했지ㅜㅜ. 그래도 내 딴에는 나라를 잘 다스려 보려고 눈치껏 기회를 엿보기도 했어. 하지만 부원 세력이 정치를 어지럽히고, 여진족과 왜구까지 침입해 나라가 혼란스러워지니 점점 지치더라고. 결국 나랏일은 나 몰라라 한 채 사냥과 놀이에 빠져 지내다 세상을 떴어.

충렬왕이 즉위한 해부터 고려는 원나라 간섭기에 들어간다. 고려는 원나라가 정벌한 나라 가운데 유일하게 독립 국가를 유지했다. 하지만 사위 나라라 원나라의 간섭을 피할 수는 없었다. 충렬왕 대 원나라의 요구로 두 차례에 걸쳐 일본 정벌에 함께 나섰는데, 당시 고려와 원 연합군의 일본 정벌 모습을 그린 〈몽고습래회사〉 중 일부이다.

사위 나라의 도리를 다 하라

왕거는 원종의 맏아들이었다. 원나라 세조와 원종 사이에 혼인 약속이 이루어지자, 1274년 원나라에 들어가 세조의 딸 제국 대장 공주와 결혼했다. 이때부터 고려는 원나라의 사위 나라가 되어 원나라의 간섭을 받기 시작했다. 1274년 6월, 원종의 뒤를 이어 왕거가 왕위에 오르니, 25대 충렬왕이다.

충렬왕은 왕위를 지키고 고려가 살아남으려면, 원나라의 뜻을 거슬러서는 안 된다고 생각했다. 원나라는 곧바로 고려에 '정동행성'을 설치하고, 일본을 정벌하는 데 필요한 군사와 물자를 대라고 요구했다. 충렬왕은 군말 없이 정동행성의 책임자가 되어 군사 8000명과 군량미, 배를 준비했다. 1274년 7월, 여원 연합군 4만 명이 일본 정벌에 나섰다. 하지만 도중에 태풍을 만나 1만 3500명만 살아 돌아오는 큰 피해만 입었다. 무엇보다 군량미를 대고, 군사로 끌려가고, 배를 만드는 데 동원된 백성들의 고통이 컸다.

1275년부터 원나라는 더욱 노골적으로 고려를 간섭했다. 고려가 사위 나라이니 원나라보다 격이 낮아야 한다며 관직 체제, 왕과 관련된 용어를 바꾸라고 했다. 충렬왕은 원나라의 요구를 다 들어주었다. 나아가 원나라와 원만한 관계를 유지하려고 원나라와 관계된 일을 보는 응방, 통문관 같은 새 관청을 두었다. 이곳에 속한 관리들은 원나라를 등에 업고 특권을 누리며 새로운 '권문세족'으로 성장했는데, 이들을 '부원 세력'이라고 한다.

사위 나라 고려, 이렇게 바뀌었다!

바뀐 행정 제도
중서문하성+상서성 ➡ 첨의부
중추원 ➡ 밀직사
어사대 ➡ 감찰사
이부+예부 ➡ 전리사
병부 ➡ 군부사
호부 ➡ 판도사
형부 ➡ 전법사
공부 ➡ 없앰

새로 설치한 기구
응방: 매 잡는 기관
통문관: 몽골어 학습 기관
순마소: 도적을 잡고 반란에 대한 일을 맡아보던 기관

원나라의 간섭이 갈수록 심해지다

충렬왕은 왕권을 안정시키려고 환관과 역관을 측근 세력으로 삼고, 도병마사를 도평의사사로 바꾸어 군사뿐만 아니라 나랏일 전체를 보게 했다. 하지만 원나라의 간섭은 갈수록 심해졌다. 1281년에는 다시 일본 정벌에 나서겠다며 고려에 지난번보다 더 많은 군사와 물자, 배를 요구했다. 그러나 이번에도 태풍으로 많은 군사만 잃고 그냥 돌아왔다.

엎친 데 덮친 격으로 1290년에는 원나라의 반란군 무리가 침략하여 강화도로 1년 동안 천도하는 수모를 겪었다. 원의 도움으로 겨우 물리쳤지만 북쪽으로는 여진이, 남쪽으로는 왜구가 자주 침입하여 나라가 어지러워졌다. 게다가 해마다 원나라에 엄청난 공물과 공녀를 바치느라 백성들의 고통은 이루 헤아릴 수 없었다.

충렬왕은 갈수록 나랏일은 뒷전인 채 사냥과 놀이에 빠져 지냈다. 원나라는 슬슬 세자인 왕장 편을 들기 시작했다. 결국 1298년 1월, 충렬왕은 스스로 왕위를 내놓았고, 세자 왕장이 왕위에 올랐다(충선왕). 하지만 충선왕이 제도를 다시 돌리는 등 반원 움직임을 보이자 같은 해 8월, 원나라는 다시 충렬왕을 왕위에 앉혔다.

고려에서 처음으로 '충' 자가 들어간 왕이 된 충렬왕. 충렬왕은 고려의 최고 통치자였지만, 원나라의 간섭으로 이렇다 할 업적을 남기지 못했다. 공이라면 삼별초의 난 진압 뒤 원나라가 지배하던 탐라를 돌려받아 '제주'라 바꾸고, 다루가치를 철수시킨 정도였다.

요게 바로 승려 일연이 충렬왕 대인 1281년경에 쓴 역사책 《삼국유사》야. 내용이 기이하고 특이하여 고려 시대에는 그 가치를 인정받지 못했대. 불교적 색채가 짙지만 '단군 신화' 같은 우리 고대사를 실어서, 고대사 연구에 없어서는 안 되는 중요한 사료야.

나를 아는 데 필요한 정보 ⑦

❶ 나 왕장은 1275. 9.~1325. 5.까지 살았다. 1298. 1.~1298. 8.까지, 1308. 7.~1313. 3.까지 왕이었다.
❷ 원나라 황실의 피를 이어받은 최초의 고려 왕으로, 원 황제의 외손자라는 자부심이 컸다.
❸ 총명하고 학문과 예술을 사랑했다. 성품도 인자하고 굳세어, 일찍부터 기대를 한 몸에 받았다.
❹ 주로 원나라에 머물며 편지로 나랏일을 처리하는 '전지 정치'를 폈다.
❺ 안향, 이승휴 같은 인재를 뽑아 반원 개혁 정책을 실시하려고 했으나, 원나라의 압력과 부원 세력의 방해로 뜻을 이루지 못했다.
❻ 권세가가 토지를 함부로 빼앗지 못하게 하고, 세금을 줄여 주고, '염법'을 만들어 백성의 삶을 안정시키려고 했다.
❼ 원나라의 수도 연경에 '만권당'을 세워, 고려와 원의 문화 교류에 기여했다.

> 우리 외손자 우쭈쭈하며 밀어줄 줄 알았는데….

연경 (베이징)

개경

> 시작은 창대했으나 그 끝은 미비하였으니, 참으로 아쉽구나….

26대 충선왕

반원 개혁 정책을 펴나 실패하다

후세가들은 날 "반원 정책을 펴려고 노력한 왕."이라고 평가해. 그런데 "의지는 높으나 실천하는 힘이 부족한 왕."이라는 평가도 같이 들어. 나름 똑똑하고, 의지가 강하고, 결단력이 있던 난 사위 나라 왕으로 찍소리 못 하고 지내기보다 왕다운 왕, 나라다운 나라를 만드는 방법을 고민했어. 그래서 즉위하자마자 밀어붙였지. 원나라의 압력으로 바꾼 제도를 다시 고려식으로 되돌리고, 인재를 뽑고, 토지와 세금 제도를 고치려고 했어. 그런데 원나라에서 오래 살아 그런지 영 고려 궁궐 생활을 못 견디겠는 거야. 결국 두 달쯤 고려에 있다가 원나라로 갔지. 그리고 물러날 때까지 수천 리나 떨어진 연경에서 지내며 나랏일을 처리했어. 결국 호기롭게 시작한 나의 개혁 정치는 흐지부지되었고, 고려 조정은 더욱 혼란에 빠졌어. 생각해 보니, 고려에 붙박여 죽을 둥 살 둥 개혁 정책을 폈어도 원나라 간섭에 될 둥 말 둥이었을 텐데, 너무 아쉬워….

1319년에 원나라 학자 진감여가 그린 이제현의 초상화이다. 이제현은 충선왕이 세운 만권당을 드나들며, 조맹부를 비롯한 원나라의 최고 학자들과 교류했다. 고려에 성리학이 뿌리내리는 데 큰 몫을 한 유학자이자, 원나라의 부당한 간섭을 비판하면서 고려의 자주성을 지키려고 한 정치가이기도 하다.

원나라의 지지로 왕이 되다

고려의 세자는 왕이 되기 전 주로 원나라에서 살았다. 또 고려 왕비가 아들을 두었어도 원나라 공주와의 사이에서 난 아들을 세자로 삼았다. 원나라의 피를 받은 왕을 통해 고려를 간접적으로 다스리려는 속셈 때문이었다. 왕장은 충렬왕의 맏아들은 아니었으나 어머니가 원 황실의 제국 대장 공주라 세 살 때 세자가 되었다. 공부를 좋아하고, 성품이 인자하고 굳세었던 왕장은 일찍부터 안팎의 기대를 받았다.

1296년, 원나라의 계국 대장 공주와 결혼한 왕장은 주로 원나라에서 지냈다. 왕장은 원나라의 권력자들과 친분을 쌓으며 지지 세력을 넓혀 나갔다. 충렬왕이 사냥과 놀이에 빠져 나랏일을 나 몰라라 하자, 원나라는 왕장과 충렬왕을 놓고 저울질했다. 고려를 비롯해 여러 나라를 지배하던 원나라 입장에서는 고려 정치를 안정시킬 수 있는 왕이 더 필요했다. 결국 왕장 쪽으로 기운 원나라는 충렬왕을 압박했고, 1298년 1월 충렬왕은 스스로 물러났다. 뒤를 이어 왕장이 왕위에 오르니, 26대 충선왕이다.

반원 개혁 정책을 펴다

충선왕은 곧바로 교서를 발표했다. 교서에는 권문세족이 불법으로 백성의 토지를 빼앗는 걸 막고, 공납과 부역의 폐단을 고치고, 인재를 뽑고, 고려식으로 제도를 바꾸려는 개혁 의지가 담겨 있었다. 같은 해 5월, 충선왕은 원나라의 강압으로 격을 낮춘 관청 이름을 없애고 광정원, 자정원, 사림원 같은 새 관청을 두었다. 이 가운데 사림원은 왕의 자문 역할, 인사, 왕명을 받드는 일 등을 맡아 충선왕의 개혁 정책을 뒷받침했다. 이어 충선왕은 왕권을 키우려고 충렬왕 세력을 몰아내고 안향, 이승휴 같은 인재를 조정에 앉혔다.

하지만 원나라는 충선왕의 정책이 반원 개혁 성격을 띠자 위기감을 느껴 1298년 8월, 충렬왕을 다시 왕위에 앉혔다. 충선왕은 원나라에 머물며 원나라 3대 황제 무종의 즉위에 공을 세워 원으로부터 '심양왕' 봉작을 받았다. 당시 심양(선양)에는 전쟁 포로로 끌려오거나 원에 투항하거나 먹고살기 위해 흘러든 고려 사람이 많이 살았다. 그래서 심양을 지배할 권한을 가진 심양왕은 원나라와 고려 양쪽에 적잖은 영향력을 행사했다.

1308년 7월, 충렬왕이 죽고 충선왕이 다시 왕위에 올랐다. 충선왕은 개혁 정책을 다시 펴

나갔다. 권세가가 쥐고 있던 염전을 나라에서 직접 판매까지 하는 '염법'을 만들어 나라 곳간을 채웠다. 또 권문세족이 백성의 땅을 함부로 빼앗지 못하게 하고, 세금을 줄여 주어 백성의 삶을 돌보았다. 하지만 오랜 원나라 생활 탓인지 고려 궁궐 생활이 너무 힘들었다. 결국 충선왕은 삼촌 왕숙에게 나랏일을 맡기고, 두 달 만에 원나라로 돌아갔다.

충선왕은 원나라에 머물며 편지로 나라를 다스리는 '전지 정치'를 통해 개혁 정책을 계속 펴 나갔다. 하지만 갈수록 원나라의 압력이 커지고, 부원 세력까지 나서서 방해하는 바람에 개혁은 결국 물거품이 되고 말았다. 1313년 3월, 충선왕은 둘째 아들 왕만에게 왕위를 넘겨주고 심양왕으로 지내며, 조카 왕고를 심양왕의 세자로 삼았다. 이어 연경에 사립 도서관 격인 '만권당'을 세웠다. 이제현 같은 고려 학자들이 만권당을 드나들며 성리학을 연구하고, 원나라 학자들과 교류하며 고려의 문화를 널리 알렸다.

"이리 치이고, 저리 치이고. 가련한 내 신세…."

"아버지 때문에 더 곤경에 빠지다니, 안타까워…."

 **나를 아는 데 필요한 정보 7**

① 나 왕만은 1294. 7.~1339. 3.까지 살았다. 1313. 3.~1330. 2.까지, 1332. 2.~1339. 3.까지 왕이었다.
② 엄격하고 굳세고, 침착하고 무게가 있으며, 총명하고 고결하다는 소리를 들었다. 시와 글씨도 빼어났다.
③ 원나라 복국장 공주를 둘째 부인으로 맞았는데, 너무 위세를 부려 정을 주지 않았다.
④ 아버지 충선왕이 왕위를 물려줄 때 사촌 왕고를 심양왕의 세자로 세우는 바람에 왕고가 끊임없이 나를 위협했다.
⑤ 원나라는 나보다 왕고를 더 믿었다.
⑥ 원나라를 등에 업은 왕고 파가 고려를 원에 편입시켜 '성'을 설치해 달라는 '입성 책동'까지 벌여 정치가 더욱 혼란스러워졌다.
⑦ 제주에서 백성이 들고일어나고, 왜구까지 침입하여 안팎이 어지러웠다.

27대 충숙왕

원나라와 고려 왕실, 양쪽에서 시달리다

난 아버지 충선왕과 평범한 몽골 여인의 둘째 아들이었어. 위로 세자인 형이 있었는데 갑자기 죽는 바람에 엉겁결에 왕이 된 거야. 그런데 왕고가 틈만 나면 왕위를 노리는 통에 너무 힘들었어. 게다가 원나라 복국장 공주보다 고려 여인인 덕비를 더 사랑했어. 원나라에서 날 곱게 볼 리가 없지. 은근히 왕고를 밀며 툭하면 날 불러 꾸짖는데, 지치더라고. 밤마다 잔치를 열어 진탕 즐겼지. 돈이 마르면 세금을 더 거두고, 비판하는 신하는 흠씬 두들겨 패면서 계속 놀았어. 결국 원나라에 불려 가 5년 동안 근신했어. 고려로 돌아가면 왕 노릇 제대로 해야겠다고 결심했지. 하지만 병이 들어 세자에게 왕위를 물려주었는데, 글쎄 이놈이 나보다 더 망나니짓을 하는 거야. 다시 왕이 된 난 작심하고 원나라에 "공물을 줄여 달라, 공녀와 환관의 징발을 중지해 달라."고 요구했지만 씨알도 안 먹히더라고. 결국 병이 깊어져 세상을 떴는데, 세자가 제발 정신 차리고 나라를 잘 다스려 주기를 바라.

원나라 사신이 고려에 들어올 때마다 고려 백성들은 딸을 숨기느라 바빴다. 유목 국가인 원나라는 여자가 부족하여 해마다 고려에서 수많은 공녀를 끌고 갔다. 원나라에 끌려간 대부분의 공녀는 황실의 궁녀나 귀족의 노비가 되어 비참하게 살았다. 원나라 사신의 공식 통행증으로 '패자'라고도 불렀다.

나를 아는 데 필요한 정보 ❼

❶ 나 왕정은 1315. 1.~1344. 1.까지 살았다. 1330. 2.~1332. 2.까지, 1339. 3.~1344. 1.까지 왕이었다.
❷ 장남으로 왕이 되었으나 나랏일은 뒷전인 채 사냥과 놀이에 빠져 지냈다. 어떤 때는 6일 동안 사냥만 하기도 했다.
❸ 좋아하는 것은 반드시 가져야 직성이 풀렸다. 재물은 물론이고 여자도 맘에 들면 신분을 가리지 않고 빼앗았다.
❹ 새 궁궐을 짓느라 백성을 강제로 동원하고, 재산과 땅을 가로채고, 백성의 집 100채를 헐고 연회장을 지었다.
❺ 기철 같은 부원 세력이 판쳐 나라가 몹시 어지러웠다.
❻ 왕위에서 쫓겨나 꽁꽁 묶인 채 원나라 사신에게 발길질까지 당하며 원으로 끌려갔다.
❼ 권세가에게 각종 이름으로 세금을 거두고, 부원 세력을 누르려고 시위군을 늘리고, 과거 급제자를 등용한 내 공은 폭정과 패륜에 가려 버렸다.

후세가들은 나를 어떻게 평가할까….

빨리 가!!

아무리 악행을 일삼았어도 한 나라의 국왕이거늘 ㅠㅠ.

28대 충혜왕

패륜을 저질러 쫓겨나다

난 아버지 충숙왕과 고려 여인 명덕 태후의 장남으로 태어났어. 3대 만에 원나라 공주를 어머니로 두지 않은 왕이 탄생한 거야. 고려의 자주성을 되찾을 수 있는 절호의 기회였지. 하지만 노는 데 이골이 난 나는 왕이 된 날부터 흥청망청 놀았어. 사관이 내 행실을 그대로 기록할까 봐 아예 곁에 못 오게 하고, 바른말 하는 신하는 모조리 베어 버렸지. 오죽하면 아버지가 '날건달'이라고 했을까? 결국 2년 만에 쫓겨나 원나라에 불려 갔어. 원나라에서도 허구한 날 놀며 지내다 아버지가 죽자 다시 왕이 되었지. 난 더 포악한 정치를 펴고, 갖은 악행을 일삼았어. 심지어 계모들까지 겁탈하는 패륜까지 서슴없이 저질렀어…. 1343년, 난 끝내 원나라 황제 앞에 끌려가고 말았어. 황제는 "백성의 고혈을 긁어먹은 죄가 너무 커서 그대의 피를 온 천하의 개한테 먹인다 해도 부족하다."며 날 귀양 보냈어. 내가 귀양 길에 죽었다는 소식을 들은 백성들은 새날이 왔다며 크게 기뻐했대ㅜㅜ.

충혜왕은 사냥과 놀이, 여자뿐 아니라 수박에도 빠져 지냈다. 수박은 주로 손을 써서 상대를 공격하거나 수련하는 우리나라 전통 무예의 하나이다. 고려 시대 무사들도 반드시 익혀야 할 무예였으며 수벽치기, 수벽타라고도 한다. 고구려 춤 무덤 벽화에 그려진 수박 장면이다.

내가 조금만 더 컸더라면….

원나라가 기울고 있다지만 고려는 더 기울고 있으니, 한스럽도다~!

 나를 아는 데 필요한 정보 ⓻

❶ 나 왕흔은 1337. 4.~1348. 12.까지 살았고, 1344. 1.~1348. 12.까지 왕이었다.
❷ 여덟 살에 왕이 되어 어머니 덕녕 공주가 섭정을 했다.
❸ 이제현 같은 대학자를 뽑아 나라를 바로잡으려고 했다.
❹ '정치도감'을 설치해 개혁 정치를 펴려고 했으나, 원나라와 부원 세력에 밀려 뜻을 이루지 못했다.
❺ 이제현이 개혁안 11개 조를 올렸으나, 나라 사정이 여의치 않아 실시하지 못했다.
❻ 아버지 충혜왕이 지은 새 궁궐을 헐고, 학문을 연구하는 '숭문관'을 세웠다.
❼ 결혼도 못 해 보고 병이 들어 열두 살에 죽었다.

29대 충목왕

여덟 살에 왕위에 오르다

여덟 살 때 원나라에 가서 순제를 만났는데 이렇게 묻는 거야. "아비 충혜왕을 본받겠느냐, 어미를 본받겠느냐?" 총명하다는 소리깨나 듣던 난 어머니를 본받겠다고 했지. 순제는 영특하다고 칭찬하며 날 왕에 앉혔어. 하지만 너무 어려 어머니가 대신 나라를 다스렸어. 와! 우리 어머니 밀어붙이는 솜씨가 여간 아니대? 윗물이 맑아야 아랫물이 맑다고, 먼저 아버지 측근을 싹 몰아냈어. 그러고는 이제현을 비롯한 원로 대신을 재상에 앉혀 조정의 분위기를 바꾸어 나갔지. 난 왕에게 필요한 공부를 하며 어서 자라기를 바랐어. 어머니가 토지와 세금 제도를 뜯어고치고 정동행성을 없애겠다고 하자, 백성들의 환호가 터져 나왔어. 웬일로 원나라도 어머니의 개혁 정치를 밀어주대? 그럼, 그렇지. 어머니가 부원 세력을 몰아내려고 하자, 슬슬 압박을 넣었어. 부원 세력이 사라지면, 고려에 대한 지배력이 약해지니 두려웠던 거지. 결국 1년도 못 가 개혁은 실패하고 말았어ㅜㅜ.

일제 강점기 때 일본에 빼앗겼다가 돌려받은 국보 제86호인 경천사 터 10층 석탑이다. 1층 몸돌에 충목왕 대인 1348년에 세웠다는 기록이 새겨져 있다. 높이는 13.5미터이며, 우리나라에서는 드물게 회색 대리석으로 쌓았다. 고려 석탑 가운데 가장 화려하고 균형이 잘 잡혀 있는 것으로 유명하다. 원나라의 영향을 받은 것으로 보인다.

나를 아는 데 필요한 정보 ❼

1. 나 왕저는 1338. 1.~1352. 3.까지 살았고, 1348. 12.~1351. 10.까지 왕이었다.
2. 원나라 덕에 열두 살 어린 나이에 왕이 되었다.
3. 내 어머니와 충목왕의 어머니 덕녕 공주가 서로 권력을 잡으려고 살벌하게 싸웠다.
4. 두 사람을 등에 업은 자들까지 모여들어 조정은 그야말로 난장판이 되었다.
5. 왜구가 자주 침입하여 나라 안팎으로 더욱 어려워졌다.
6. 원나라는 고려 조정을 안정시킨다는 핑계로 나를 쫓아내고, 공민왕을 세웠다.
7. 결혼도 안 한 혼자 몸으로 강화도에서 귀양살이를 하다 공민왕의 손에 죽임을 당했다.

30대 충정왕

'충' 자 붙은 마지막 왕이 되다

난 아버지 충혜왕과 고려인 희빈 사이에서 둘째 아들로 태어났어. 이복형 충목왕이 일찍 죽는 바람에 왕이 되었는데, 패륜을 저지른 충혜왕의 아들이라는 이유로 반대하는 이들이 많았어. 원나라가 밀어주어 간신히 된 거야. 그런데 내가 어려서 나라를 다스리기 힘들자, 어머니와 덕녕 공주가 권력 다툼을 벌였어. 덕녕 공주는 정동행성을 발판으로 세력을 넓히고, 어머니는 '경순부'를 세워 지지 세력을 만들어 나갔지. 그 통에 조정도 둘로 갈라지고, 나라가 몹시 어지러워졌어. 설상가상으로 왜구까지 쳐들어와 경상도를 쑥대밭으로 만들었어. 출전 명령을 내려도 장수들은 제 한 몸 살겠다고 도망치기 일쑤였지. 결국 대신들이 나서서 나라를 제대로 다스릴 수 있는 왕으로 바꿔 달라고 원나라에 요청하대? 기울어 가던 원나라도 고려가 흔들리면 골치 아프니까, 결국 날 쫓아내고 삼촌 왕전을 왕으로 세웠어. 삼촌 묘호가 공민왕인 걸 보면, 내가 충 자 붙은 마지막 왕인가 봐.

고려 말에는 불교의 폐단이 극심했다. 절은 왕실과 귀족으로부터 받은 땅과 활발한 경제 활동으로 대농장을 소유하고 권문세족에 버금가는 권력을 누렸다. 뿐만 아니라 쌀이나 옷감 등을 농민에게 빌려주고 이자를 턱없이 높게 받는 고리대금업까지 서슴지 않았다. 규모가 큰 절에서는 절이 가진 땅의 경계를 표시한 '장생표'를 세웠다. 통도사에서 세운 장생표로 경상남도 양산시 하북면에 있다.

사위 나라, 고려

25대 충렬왕이 즉위한 1274년부터 31대 공민왕이 즉위한 1351년까지를 역사에서 '원 간섭기'라고 부른다. 이 시기 고려는 독립 국가를 유지하지만, 원의 사위 나라라는 특수성 때문에 자주성을 훼손당하고 많은 변화를 겪었다.

사위 나라 고려의 국왕

본래 국왕은 한번 즉위하면 죽을 때까지 왕 노릇을 하는 게 원칙이다. 하지만 원나라는 마음에 들지 않으면 쫓아내고 다른 왕을 세우거나, 한 번 쫓아낸 왕을 다시 왕위에 올렸다. 고려의 독자성을 인정해 주는 대신 입맛에 맞는 왕을 세워 고려를 간접적으로 지배하려고 했기 때문이다. 뿐만 아니라 원나라가 정해 준 원 황실의 공주와 정략결혼을 해야 했고, 둘 사이에서 난 왕자만이 세자가 될 수 있었다. 세자는 원의 수도 연경에서 인질이나 다름없는 생활을 하며 교육을 받았다. 고려로 돌아와 즉위한 뒤에는 원나라 눈치를 보며 나라를 다스렸고, 원이 부르면 언제든지 달려가야 했다.

이전에도 송, 요, 금나라로부터 책봉을 받았어. 하지만 즉위한 뒤에 인정받는 형식적인 절차였지. 그런데 원 간섭기에는 책봉을 받은 후에야 즉위할 수 있었어.

충렬왕 대 원나라의 요구로 고려군이 원나라군과 함께 일본을 원정하는 모습을 그린 〈몽고습래회사〉 가운데 일부이다.

권문세족과 부원 세력이 성장하다

국왕이 원에 머무는 경우가 많다 보니 새로운 지배 세력이 나타나 고려를 이끌어 갔다. 이들을 '권문세족'이라고 하는데 무신 정권 시기에 성장한 무신 가문, 살아남은 문벌 귀족, 원 덕에 출세한 친원 세력이 대부분이었다. 이들은 높은 벼슬에 올라 권력을 독차지했다. 또 원에 빌붙어 권력을 누린 '부원 세력'도 나타났다. 부원 세력 가운데는 원의 권력자들과 마주할 기회가 많던 통역관과 환관이 많았다. 권문세족과 부원 세력은 권력을 이용해 재산을 늘리고 수많은 노비를 부려 농사를 지었다. 이렇게 운영한 땅을 '농장'이라고 하는데, 산천을 경계로 할 정도였다.

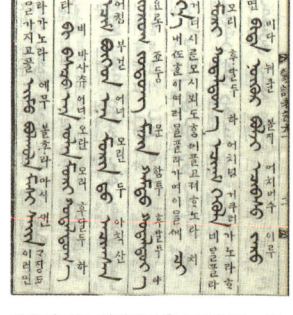

몽골어 초급 회화집인 《노걸대》이다. 원 간섭기에는 몽골어 역관을 최고로 쳐 주었다.

기 황후의 친정붙이인 기철을 비롯한 기씨 일파가 대표적인 부원 세력이야. 이들은 기 황후를 등에 업고 백성의 땅을 함부로 빼앗는 등 갖은 횡포를 부려 원성이 자자했어.

> 공녀로 끌려가는 걸 막으려고 딸을 비구니로 만든 부모들이 수두룩했대. 또 갓 열 살도 안 된 여자 아이를 혼인시키는 조혼 풍습까지 생겼으니, 슬프지?

사람도 공물로 바쳐라

고려는 원나라에 때맞춰 값비싼 공물을 바쳤다. 고려 특산물인 인삼과 청자, 값비싼 한약재, 종이, 가죽, 매 같은 물건을 대느라 백성들은 허리가 휘었다. 뿐만 아니라 '결혼도감'이라는 기구를 만들어 처녀들까지 강제로 데려갔는데, 이들을 '공녀'라고 한다. 원종 대인 1274년에 140명을 처음 끌고 갔고, 충렬왕 대인 1275년부터 공민왕 대인 1355년까지 150명이 넘는 공녀가 원나라로 끌려갔다. 공녀들은 대개 궁녀, 높은 관리의 시녀, 원나라 군사의 아내, 노비가 되어 힘겹게 살았다.

고종 대 강릉 아전 김천이 포로로 끌려간 어머니를 백금 55냥에 찾아오는 이야기를 그린 '효자 김천 이야기'로 《동국신속삼강행실도》에 실려 있다. 원나라 심양에는 포로로 끌려온 고려 사람이 21만 명이나 있었다고 한다. 가난한 백성은 몸값을 마련하지 못해 가족을 데려올 수 없었다.

고려에는 몽골풍, 원에는 고려양

고려 국왕과 결혼한 원 공주들은 고려에서도 몽골 풍속대로 생활했다. 공주들을 시중드는 이들도 변발에 호복을 입고 몽골 말을 썼다. 고려 조정과 왕실, 원나라에 빌붙어 한자리 얻으려는 자들 사이에 몽골 풍속이 유행했는데, 이를 '몽골풍'이라고 한다. 궁궐의 최고 어른을 부르는 '마마', 세자와 세자빈을 가리키는 '마누라', 임금의 음식을 가리키는 '수라', 궁녀를 뜻하는 '무수리' 등이 원의 궁중에서 사용하던 말이 전해진 것이다. 한편 원나라에 공녀로 간 수많은 여인들, 원에서 벼슬을 산 고려인들, 포로로 끌려간 고려인들은 고려의 풍습을 지키며 살았다. 이들을 통해 만두, 떡, 상추쌈 같은 음식이 원에 유행했고, 원나라 지배층 사이에 고려 옷, 신발, 모자 같은 게 널리 퍼졌다. '고려양'이다. 이런 풍습이 아직도 남아 몽골에서는 고려만두, 고려병 같은 용어를 여전히 쓰고 있다.

> 소주, 설렁탕, 여성들의 노리개인 은장도, 결혼할 때 신부가 쓰는 족두리도 몽골에서 들어왔어.

이제현을 비롯한 고려 학자들은 만권당에서 원 학자들과 교류하며 성리학을 공부하고, 고려의 문화를 원에 전했다. 이제현의 그림으로 알려진 〈기마도강도〉이다. 호복을 입은 사람들이 말을 타고 강을 건너는 모습을 담았다. 몽골풍을 엿볼 수 있다.

나를 아는 데 필요한 정보 ❼

① 나 왕전은 1330. 5.~1374. 9.까지 살았고, 1351. 10.~1374. 9.까지 왕이었다.
② 원나라에서 10여 년 동안 인질 생활을 하며, 원이 기우는 모습을 지켜보았다.
③ '전민변정도감'을 설치해 권문세족이 빼앗은 땅을 백성에게 돌려주고, 강제로 노비가 된 이들을 풀어 주었다.
④ 원나라가 설치한 '쌍성총관부'를 몰아내고 고려 땅을 다시 찾았다.
⑤ 승려 신돈이 내 사부가 되어, 반원 자주 개혁 정치를 뒷받침했다.
⑥ 성균관을 새로 지어 '신진 사대부'가 성장하는 발판을 마련했다.
⑦ 홍건적이 침입해 안동까지 피란 갔다.

원의 굴레에서 벗어나 자주 국가 고려를 만들자!

'고려의 등불'이었는데, 끝이 너무도 허망했어ㅠㅠ.

31대 공민왕

고려의 자주성을 되찾다

십 대의 대부분을 원나라 수도 연경에서 보냈어. 아버지 충숙왕이 지어 준 전이라는 이름이 버젓이 있는데도 빠이앤티무르라고 불리면서 말야. 고려의 왕자는 어려서부터 원에서 살다가 원의 공주와 결혼하고, 고려에 돌아와 왕이 되었거든. 원의 문화와 풍습에 젖게 하여, 고려를 원에 충성하는 나라로 만들려고 그런 거지. 심지어 왕도 맘에 안 들면 제멋대로 바꾸는 거, 여러분도 봤잖아? 굴욕도 이런 굴욕이 어디 있어? 난 고려를 당당한 자주 국가로 만들기로 결심했어! 먼저 원에 빌붙어 나라를 좀먹는 자들을 몰아냈어. 관제도 고려식으로 되돌리고, 원에 빼앗긴 땅도 다시 찾았지. 그런데 살아남은 부원 세력이 날 폐위하라고 원을 꼬드기대? 난 굴하지 않고 신돈과 함께 계속 밀어붙였어. 결국 부원 세력이 신돈을 역모로 몰았고, 난 신돈을 처형했어. 힘에 부친데다 신돈의 세력이 너무 커질까 봐 두려웠거든. 얼마 뒤 나도 신하들에게 처참하게 시해되었어ㅜㅜ.

공민왕은 당대 최고 수준의 화가이자 서예가로, 그림과 글씨에 빼어났다. 공민왕이 그린 〈천산대렵도〉이다. 몽골식 변발에 호복 차림을 한 사람이 말을 타고 힘차게 달리며 사냥하는 모습을 섬세하면서도 힘차게 표현했다. 공민왕은 〈천산대렵도〉 외에도 〈이양도〉, 〈노국 대장 공주진〉 같은 그림, 부석사 무량수전과 안동 영호루의 현판 등을 남겼다.

십 년 인질 생활을 끝내다

왕전은 충숙왕의 둘째 아들로 열두 살에 원나라에 인질로 가 10여 년 동안 살았다. 두 차례 왕위 계승에서 밀리는 아픔을 겪었으나, 원의 노국 대장 공주와 결혼하면서 유리한 위치를 차지했다. 1351년 10월, 원나라는 충정왕이 나라를 제대로 다스리지 못한다며 왕위에서 끌어내리고, 왕전을 왕으로 세웠다. 31대 공민왕이다.

공민왕은 곧바로 이제현에게 나랏일을 처리하게 하고, 관료 명단을 보내 새로운 정치가 시작되었음을 알렸다. 그리고 그해 12월, 노국 대장 공주와 함께 고려로 돌아왔다. "고려의 왕이십니까, 원의 신하이십니까? 변발에 호복을 입고 개경에 들어가실 겁니까?" 귀국길에 노국 대장 공주가 말했다. 공민왕은 무슨 생각을 했을까?

그 무렵 원은 황실의 권력 다툼과 홍건적의 난 같은 크고 작은 난이 곳곳에서 일어나 서서히 기울고 있었다. 이런 원의 사정을 공민왕은 누구보다 잘 알았다. 고려에는 더할 수 없이 좋은 기회였다. 아마도 공민왕은 고려의 자주성을 되찾겠다고 결심했을지 모른다.

반원 자주 정책을 펴다

공민왕은 고려로 돌아오자마자 몽골 옷인 호복을 벗고, 머리 모양도 변발에서 고려식으로 바꾸었다. 왕실과 신하들에게도 호복과 변발을 금지시켜 반원 자주 개혁 정치를 펴겠다는 뜻을 널리 알렸다. 하지만 만만치 않았다. 원나라가 기울고 있다고는 하나 동북아시아를 좌우지하는 강국으로, 여전히 고려에 큰 영향을 끼쳤다. 게다가 왜구까지 자주 침입했다. 또한 안으로는 권문세족과 부원 세력이 정치를 어지럽히고 백성의 땅을 함부로 빼앗아, 나라가 몹시 혼란스러웠다.

1352년 2월, 공민왕은 마침내 반원 자주 개혁의 칼을 빼 들었다. 관리의 인사권을 쥐고 있는 정방을 폐지하고, 문관 인사권은 전리사에, 무관 인사권은 군부사에 넘겼다. 당시 정방을 장악하고 있던 권문세족과 부원 세력을 누르기 위해서였다. 이어 나랏일을 직접 처리할 테니, 관련 부서는 5일에 한 번씩 반드시 보고하라고 했다. 또 토지와 노비 문제를 해결하고, 탐관오리를 내쫓으라는 교서를 내렸다.

무엇보다 개혁의 가장 큰 걸림돌은 나라를 어지럽히고 백성을 못살게 구는 조일신, 기철

형제 같은 부원 세력이었다. 특히 기철 형제들은 원 황후가 된 누이(기 황후)를 등에 업고 왕 앞에서 자신들을 '신(신하)'이라 말하지 않을 정도로 막강한 권력을 휘둘렀다. 공민왕은 먼저 측근인 조일신을 몰아냈다. 다음 차례는 자신들이라 여긴 기철 형제들은 기 황후를 움직여 공민왕을 폐위시키려고 했다. 낌새를 챈 공민왕은 1356년, 잔치를 베푼다고 속여 기철 일파를 궁궐로 불러 죽였다. 그리고 기철의 아들을 저잣거리에서 참형해 본보기를 보이고, 백성들의 원한을 풀어 주었다.

공민왕은 개혁의 고삐를 바짝 당겼다. 같은 해 원의 연호를 폐지하고, 관제도 문종 대에 정비한 제도로 돌려놓았다. 원나라가 고려의 동북면을 다스리려고 세운 쌍성총관부를 공격해 원에 빼앗긴 철령 이북 땅도 다시 찾았다. 또 공녀를 보내는 일도 중단시켰다. 비록 기우는 원나라였지만, 공민왕의 반원 자주 정책을 그냥 두고 보지 않았다. 사신을 보내 당장 고려를 치겠다고 으름장을 놓았다. 공민왕은 한편으로는 사과하는 체하고, 한편으로는 무시하면서 시간을 끌었다.

백성을 위한 개혁을 실시하다

1359년, 원나라에 쫓기던 홍건적이 침입해 서경이 함락되었다. 이방실 등이 물리쳤으나 1361년 다시 쳐들어왔다. 이번에는 개경까지 홍건적 손에 들어가 공민왕은 안동까지 피란 갔다. 최영과 이성계가 몰아내긴 했으나, 고려는 엄청난 피해를 입었다. 게다가 왜구까지 자주 침략해 노략질을 일삼는 바람에 나라의 힘이 많이 약해졌다. 이때 공민왕을 도와 개혁을 이끈 인물이 바로 신돈이었다.

공민왕은 1358년 신돈을 처음 만났다. 개혁 정치를 제대로 펴려면 어떤 세력과도 친분이 없고, 과감하게 밀어붙일 수 있는 인물이 필요했다. 하지만 신돈을 쉽게 등용하지 못했다. 기철 일파를 몰아내긴 했으나, 조정에는 여전히 많은 부원 세력과 친원파 권문세족이 버티고 있었다. 1365년에야 신돈을 스승으로 삼고, 개혁 작업을 맡겼다.

1366년, '전민변정도감'을 설치해 부원 세력과 권문세족이 강제로 빼앗은 땅을 백성에게 돌려주었다. 또 억울하게 노비가 된 자들을 풀어 주었다. 백성들은 너무도 기뻐하며 신돈을 '성인'이라 부르며 우러렀다. 성균관도 다시 지어 정몽주, 정도전 같은 '신진 사대부'들을 길러 냈다. 하지만 신돈의 개혁 정치는 부원 세력과 친원파 권문세족의 경제적 기반을 흔드는 것이나 다름없었다. 결국 신돈은 반역죄로 몰렸고, 신돈의 힘이 너무 커질까 봐 두려워한 공민왕은 1371년 끝내 신돈을 처형하고 말았다.

의욕을 잃고 실의에 빠진 공민왕은 어린 미소년을 뽑아 '자제위'를 꾸려 함께 즐기며 나라를 돌보지 않았다. 이 무렵 중국 땅에서는 명나라가 들어서고, 원은 몽골 초원으로 밀려나 '북원'이라고 이름을 바꾸었다. 공민왕은 명과 외교 관계를 맺었다. 그러나 1374년 9월, 신하들에게 처참하게 시해되었고, 고려는 더 큰 혼란에 빠졌다.

나를 아는 데 필요한 정보 ❼

❶ 나 왕우는 1365. 7.~1389. 12.까지 살았고, 1374. 9.~1388. 6.까지 왕이었다.
❷ 북원과 명나라가 번갈아 고려를 압박했다. 조정도 친원파와 친명파로 갈라졌다.
❸ 명나라가 아버지 공민왕이 되찾은 철령 이북 땅을 직접 다스리겠다고 하자, 요동 정벌에 나섰다.
❹ 이성계가 '위화도 회군'을 일으켜 날 왕위에서 쫓아냈다.
❺ 최무선의 건의로 '화통도감'을 설치해, 다양한 화약 무기를 만들었다.
❻ 왜구가 수백 차례나 쳐들어와 전라, 경상, 충청도가 쑥대밭이 되었다.
❼ 일곱 살 때까지 신돈의 집에서 컸다. 조선을 건국한 이성계 일파는 날 깎아내리려고 신돈의 아들이라고 기록해 놓았다. 그래서 아직도 신씨냐, 왕씨냐 떠드는 이들이 많다.

32대 우왕

기우는 고려, 떠오르는 세력

아버지 공민왕이 시해당하고 누구를 왕으로 세울지 갑론을박이 벌어졌어. 권문세족을 이끌던 이인임이 반대파를 누르고 열 살 나어린 날 왕위에 앉혔지. 날개를 단 이인임은 마음대로 권력을 휘둘렀어. 관직을 사고 팔고, 백성의 땅을 빼앗아도 다들 이인임 눈치 보기 바빴지. 난 어떻게 했냐고? 말 안 해도 훤하지 않아? 보다 못한 최영이 이성계를 끌어들여 이인임을 몰아냈어. 최영은 목숨 바쳐 나와 고려를 지키겠다고 맹서했어. 얼마다 든든하던지…. 그런데 명나라가 철령 이북은 원래 자기네 땅이니 내놓으라네? 아버지가 어떻게 찾은 땅인데, 화가 머리 끝까지 났어. 최영과 의논해 요동을 정벌해 본때를 보여 주기로 했지. 그런데 정벌군을 이끌고 떠난 이성계가 위화도에서 군대를 돌려 개경을 포위했어. 반란을 일으킨 거야! 난 이성계에게 쫓겨나 여기저기 떠돌며 귀양살이를 하다 끝내 이성계에게 죽임을 당하고 말았어ㅜㅜ.

최영은 이성계와 함께 홍건적과 왜구를 물리쳐 무장으로 크게 이름을 날렸다. 그러나 1388년 요동 정벌을 떠났다 위화도에서 군대를 되돌려 개경을 점령한 이성계에게 죽임을 당했다. 최영은 죽기 전 "내 평생 탐욕을 부렸다면 내 무덤에 풀이 자랄 것이며, 결백하다면 풀이 자리지 않을 것이다."라고 했다. 최영의 말대로 내내 풀이 자라지 않다가 오랜 세월이 흐른 뒤에야 풀이 돋았다고 한다. 경기도 고양시 덕양구에 있는 최영의 무덤이다.

안팎으로 어려움이 닥치다

1374년 공민왕이 시해당하자 이인임 일파는 재빠르게 움직여, 열 살짜리 왕우를 왕으로 세웠다. 32대 우왕이다. 공민왕 대부터 권력을 누려 온 이인임은 딸을 우왕의 비로 들여보내 누구도 넘볼 수 없는 최고 권력자가 되었다. 우왕은 사사로운 자리에서는 이인임을 아버지라 부를 만큼 믿고 의지했다.

그 무렵 고려는 어느 때보다 안팎으로 큰 어려움에 빠졌다. 밖으로는 북원과 새로 일어난 명나라가 돌아가며 고려를 압박했다. 또 왜구가 큰 규모로 잇달아 침략해 남쪽 지방을 노략했다. 안으로는 권문세족이 백성의 땅을 함부로 빼앗아 농장을 늘려 토지 제도가 문란해졌다. 공민왕 대부터 성장한 정도전, 정몽주 같은 신진 사대부가 있다고는 하나, 권문세족에 맞서기에는 힘이 모자랐다.

갈수록 왜구의 노략질이 심해졌다. 우왕은 군사를 총동원해 왜구를 쓸어버리기로 했다. 1376년, 최영이 홍산에서 왜구를 크게 무찌르고, 1380년에는 최무선이 화약과 화포를 이용해 진포에서 왜선 500여 척을 불살랐다. 이성계도 1380년, 황산에서 고려군의 열 배가 넘는 왜구를 무찔러, 왜구의 기세가 어느 정도 수그러들었다.

요동을 정벌하라!

한편 고려는 때로는 북원, 때로는 명나라의 요구를 들어주며 아슬아슬하게 줄타기 외교를 이어 갔다. 그러던 1388년, 명나라가 철령 이북 땅을 요동부 아래 두어 자기네 땅으로 삼겠다고 통보했다. 당시 고려 조정은 친원파인 최영이 이끌고 있었다. 최영은 요동을 정벌해 고려의 자주성을 살리고, 옛 고구려 땅도 되찾자고 했다. 친명파인 이성계와 신진 사대부들이 '4불가론'을 내세우며 크게 반대했지만, 우왕은 요동 정벌을 결정했다.

1388년 5월, 이성계와 조민수는 군사 5만을 이끌고 압록강의 위화도에 진을 쳤다. 하지만 고려의 힘으로 요동 정벌은 힘든 상황이었다. 위화도에 도착하기 전 도망친 군사가 부지기수였고, 장마가 시작되자 군사들의 사기는 땅에 떨어졌다. 이성계와 조민수는 군사를 되돌리게 해 달라고 여러 차례 간청했으나 우왕은 허락하지 않았다. 이성계는 끝내 우왕의 명을 어기고 개경으로 군사를 돌렸다(위화도 회군). 반란이었다.

우왕은 각 도의 군사를 개경으로 집결시키고, 궁궐 창고의 재물을 풀어 장정을 모아 최영에게 반란군을 막게 했다. 하지만 치열한 전투 끝에 최영은 패했고, 우왕은 붙잡혀 강화도로 귀양 갔다. 그리고 1389년 12월, 이성계에게 죽임을 당했다. 이제 고려 조정은 이성계와 조민수 손에 들어갔다.

나를 아는 데 필요한 정보 ❼

❶ 나 왕창은 1380. 9.~1389. 12.까지 살았고, 1388. 6.~1389. 11.까지 왕이었다.
❷ 조민수와 이색이 적극 밀어주어 왕이 되었다.
❸ 위화도 회군 때 손잡은 이성계와 조민수가 갈라섰다.
❹ 이성계와 신진 사대부가 토지 제도를 비롯해 각 분야에 걸쳐 개혁을 하자며 나를 몰아붙였다.
❺ 이성계와 뜻을 같이하던 신진 사대부가 토지 제도 개혁을 놓고 조준, 정도전이 중심이 된 급진파와 이색, 이숭인 등이 중심이 된 온건파로 갈라졌다.
❻ 박위가 왜구의 근거지인 쓰시마섬을 정벌했다.
❼ 이성계 일파가 아버지 우왕이 신씨이니 나도 신씨라며, 왕위에서 끌어내렸다.

33대 창왕

망국의 소용돌이에 빠지다

위화도 회군으로 조정을 손에 넣은 이성계와 조민수는 아버지 우왕에 이어 누굴 새 왕으로 세울지를 두고 의견이 갈렸어. 이성계는 내가 너무 어리니, 왕실에서 뽑자고 했지. 조민수와 이색은 날 밀었어. 둘은 왕실 최고 어른인 공민왕의 비, 조비를 설득해 나를 왕위에 앉히라는 교지를 받아 냈어. 내 나이 아홉 살 때야. 이성계와 신진 사대부들은 기울어 가는 고려를 개혁해야 한다고 부르짖었어. 1388년, 조준의 토지 제도 개혁 상소를 시작으로 이성계와 신진 사대부들의 개혁 작업이 막 올랐어. 조준을 비롯한 급진파는 나라에서 모든 땅을 거둔 뒤 백성에게 나누어 주자고 했어. 이색이 이끄는 온건파는 권문세족이 불법으로 빼앗은 땅만 돌려주자고 했지. 하지만 들리는 얘기로는 급진파가 꿈꾸는 건 개혁을 통해 백성의 마음을 얻어 새 왕조를 여는 거라네ㅠㅠ. 결론이 어떻게 났는지는 몰라. 난 끝내 이성계 일파에게 쫓겨나 유배지에서 죽었거든.

이색은 원나라의 국자감에서 성리학을 공부하고, 원의 과거 시험에서 장원 급제할 만큼 학문이 뛰어났다. 1367년 성균관의 대사성이 된 이색은 정몽주, 정도전, 이숭인, 권근 같은 뛰어난 성리학자들을 길러 내 고려 말 성리학이 활짝 꽃피는 데 크게 기여했다. 조선을 건국한 태조 이성계가 이색의 재능을 아껴 '한산백'에 봉했으나 거절하고, 고려에 대한 충의를 지켰다. 이색의 초상화이다.

나를 아는 데 필요한 정보 ❼

❶ 나 왕요는 1345. 2.~1394. 4.까지 살았고, 1389. 11.~1392. 7.까지 왕이었다.
❷ 20대 신종의 7대손으로, 신종 이후 200여 년이 흐른 뒤에 왕위를 이어받았다.
❸ 불교를 억압하고 유교를 숭상하는 분위기를 만들려고, 주자가례에 따라 집집마다 가묘를 세우고 절의 재산을 몰수했다.
❹ 과거 시험에 무과를 설치해 군대의 질을 높였다.
❺ 행정 조직을 6조로 가다듬었다.
❻ 새로운 토지 제도인 '과전법'을 실시했다.
❼ 모든 개혁 정책은 내가 아니라 이성계와 급진파 사대부가 새 왕조를 세우는 데 필요한 기반을 닦으려고 편 것이다.

34대 공양왕

고려, 무너지다

이성계 일파는 가짜 왕을 몰아낸다는 구실로 창왕을 내쫓고 날 왕으로 세웠어. 세상에! 왕실 종친들을 죽 후보로 올려놓고, 제비뽑기를 하여 날 뽑았다네. 그러고는 정치, 경제, 사회, 문화 전반에 걸쳐 숨 돌릴 새 없이 개혁을 추진했어. 고려를 위해서라고? 천만의 말씀, 만만의 콩떡. 이성계를 왕으로 세우고, 자신들이 꿈꾸는 새 왕조를 열려는 속셈 때문이었어. 온건파 사대부 정몽주만이 고려 부흥을 위해 밤낮을 가리지 않고 뛰었지. 당시 고려에서 가장 똑똑하던 정몽주는 이성계 일파의 속셈을 눈치채고 반격을 준비했어. 이성계가 말에서 떨어져 크게 다치자 급진파 정도전, 조준을 귀양 보냈지. 그제야 고려를 지킬 수 있겠다는 희망이 들었어. 한데 웬걸? 이방원이 정몽주를 살해해 판세가 뒤집혔지 뭐야. 끝내 이성계가 왕으로 추대되고, 난 쫓겨났어. 475년을 이어 온 고려가 내 대에 이르러 역사 속으로 사라진 거야ㅜㅜ. 이 죄를 어찌 감당할꼬….

이성계와 정몽주는 무너져 가는 고려 왕조를 개혁하자는 데는 뜻을 같이했다. 하지만 이성계와 급진 개혁파가 역성 혁명을 통해 새 왕조 건설을 꿈꾸자, 고려 왕조를 지켜야 한다는 신념을 가진 정몽주는 급진 개혁파와 갈라섰다. 새 나라를 세우는 데 정몽주가 가장 큰 걸림돌이라고 여긴 이성계의 아들 이방원은 끝내 부하를 시켜 선죽교에서 정몽주를 처참하게 살해했다. 황해북도 개성시 선죽동에 있는 선죽교이다.

제비뽑기로 왕위에 오르다

"이성계, 심덕부, 지용기, 정몽주, 설장수, 성석린, 조준, 박위, 정도전 등이 흥국사에 모여서 새 왕을 누구로 세울지 논의했다. 이성계는 정창군 왕요가 신종의 7대손으로 왕실에서 가장 가깝다며 왕요를 밀었다. …… 하지만 조준은 "정창군은 부귀한 집에서 나고 자라, 자기의 재산만 다스릴 줄 알지, 나라를 다스릴 줄은 모른다며 왕으로 세울 수 없다."며 반대했고, 성석린도 뜻을 함께했다. 결국 종친 몇 사람의 이름을 써서 계명전에 가서 태조 영전에 고하고, 제비를 뽑았더니 정창군의 이름이 뽑혔다."《고려사》의 기록이다. 이성계를 비롯한 아홉 명은 공민왕의 제3비 익비를 찾아가 창왕을 폐하고 왕요를 왕으로 세운다는 교지를 내려 달라고 간청했다. 교지가 내려왔지만, 왕요는 버티고 버티다 추대 형식을 빌려 왕위에 올랐다. 34대 공양왕이다.

고려, 역사 속으로 사라지다

공양왕을 세운 아홉 명은 정치, 경제, 사회, 교육, 문화 전반에 걸쳐 과감하게 개혁을 단행했다. 경연 제도를 실시해 정치 논쟁을 활발히 폈다. 경연은 원래 유교의 이상 정치를 펴려고 왕에게 유교 경전과 역사를 가르치는 제도였다. 하지만 이성계와 급진파들은 경연을 통해 공양왕의 권한을 견제하려는 목적이 컸다. 과거에 무과를 설치해 군대의 질을 높

이고, 행정 조직도 6조로 정비했다. 또 절의 재산을 몰수해 나라 창고에 넣었다. 이 모든 개혁의 목표는 이성계와 급진파가 유교 이념에 따라 새 왕조를 세우려는 데 있었다.

1391년 5월, 과전법이 공포되었다. 권문세족의 땅을 몰수해 나라 땅으로 삼고, 세금을 수확량의 $\frac{1}{10}$만 걷되, 경기도 땅에 한해 관리에게 세금을 거둘 권리를 준 획기적인 토지 제도였다. 과전법의 실시로 이성계와 급진파는 새 나라 건설을 위한 경제력까지 마련했다.

처음에는 뜻을 같이했으나 개혁을 통해 고려 왕조를 다시 일으켜 세우려던 정몽주 등 온건파는 위기감을 느꼈다. 공양왕이 기댈 데라고는 정몽주를 비롯한 온건파뿐이었다. 때마침 이성계가 사냥하다 말에서 떨어져 크게 다쳤다. 정몽주는 기회를 놓치지 않고 언관들을 움직여, 정도전과 조준 등을 탄핵하는 상소를 올리게 해 귀양 보냈다.

이번에는 이성계를 왕으로 세워 새 나라를 열려는 급진파가 위기에 몰렸다. 이성계의 아들 이방원이 나서서 부하를 시켜 정몽주를 처참하게 살해했다. 1392년 7월, 마침내 급진파는 공양왕을 끌어내리고, 이성계를 왕으로 추대했다. 이성계는 이듬해 나라 이름을 '조선'이라 바꾸었고, 475년을 이어 온 고려 역사는 막을 내렸다. 공양왕은 여러 곳을 옮겨 다니며 유배 생활을 하다 1394년, 삼척에서 죽임을 당했다.

찾아보기

ㄱ

강감찬 30, 43, 45
강동 6주 30, 32, 44~45
강조 38~40, 43~44
강종 99~100, 102
개경 10, 14, 16~17, 27, 31, 35, 37, 40, 43~45, 53, 55~59, 66, 68~69, 73~75, 78~79, 81, 95, 101~104, 106~109, 111, 113, 132, 135, 146~147
거란 20, 23~24, 30~31, 33, 35, 37, 40, 42~47, 49, 51, 53, 62~63, 65, 70~71, 73, 102, 104~105
견훤 12, 14~15
경대승 92~93
경순왕 10, 15~16
경종 29, 33~34, 37, 39~40
고교법 52
고구려 11~12, 14, 17, 20~21, 31, 36, 79, 121, 136
《고려사》 17, 59, 65, 98, 142
《고려사절요》 37, 101
고종 31, 101~103, 105, 107~108, 127

고창 전투 15
공녀 107, 110, 113, 119, 127, 132
공민왕 83, 85, 124~127, 129~130, 132~136, 139, 142
공복 제도 26~27
공산 전투 14
공양왕 141~143
과거 제도 22, 27
과전법 140, 143
광종 23~27, 29, 33~34, 56
교장도감 62
교정도감 96~97, 99
9재 학당 50~51, 55
국자감 32~33, 35, 46~47, 52, 62, 66, 69~71, 73, 139
궁예 10, 12~14
권문세족 112, 116~117, 125~126, 128, 130, 132~133, 135~136, 139, 143
귀주 대첩 45
금 31, 73
기인 제도 16~17
김보당의 난 89
김부식 74~75, 78~79, 86, 88
김준 100, 108

ㄴ

노비안검법 22, 25, 27
노비종모법 48

ㄷ

다루가치 102~103, 113
답험손실법 54
대장도감 103
도방 93, 95
동북 9성 30, 71~73
덕종 47~48, 51

ㅁ

만적 94~95
명나라 31, 134~137
명종 91~94, 98~99, 102
목종 38~40, 42, 44~45
몽골 30~31, 47, 100~103, 105~109, 111, 119, 127, 129~130, 133
묘청 74~75, 78
무신 정권 83, 89~90, 93~95, 101~103, 106~109, 126
무신 정변 89, 92~93
문벌 귀족 54, 65~66, 68~69, 75~78, 80~82, 85~86, 89, 126
문익점 82
문종 51~54, 60, 63, 67~68, 80, 132

ㅂ

박술희 17~20
발해 10, 28, 30~31, 36
배중손 107, 109
벽란도 51, 53, 59
별무반 30, 66, 69, 71~72
부원 세력 110~112, 114, 117, 120, 122~123, 126, 129~130, 132~133
북방 민족 30, 47, 49
북진 정책 21, 30
불교 17, 20, 24, 39, 41~42, 50, 55, 61~63, 66~67, 69, 81, 100, 103~105, 125, 140

ㅅ

사성 정책 16
사심관 제도 16
사학 12도 55
《삼국사기》 75, 79
《삼국유사》 110, 113
삼별초 106~107, 109, 113
3성 6부 32, 35, 131
3원신수법 52
상평창 32, 35
서경 14, 17, 20~21, 36, 40, 69, 72, 74~75, 77~78, 84, 93, 102, 132
서경 천도 운동 74, 78~79, 84, 86
서희 30, 32~33, 36~37
선종 63, 65, 68
《선화봉사고려도경》 56, 58
성균관 33, 128, 132, 139
성리학 110, 115, 117, 127, 139
성종 30~31, 33~37, 39~41, 44, 53, 55
소손녕 36
송나라 28, 30~31, 36~37, 44, 50~51, 53, 58~59, 62~63, 68, 70, 73, 80
숙종 63, 66~69, 71~72
순종 61, 63

〈시무 28조〉 32, 35
신돈 128~129, 132~134
신라 10~12, 15~16, 36
신숭겸 10, 14~15
신종 94~97, 99, 102, 140, 142
신진 사대부 128, 132, 136, 138~139
12목 32, 35
쌍기 23, 26
쌍성총관부 128, 131~132

ㅇ

안향 110, 114, 116
양전보수법 52
양현고 70, 73
여진 30~31, 37, 49, 62~63, 66~67, 69~74, 76, 104, 113
연등회 17, 35, 39, 44, 50, 55, 104
예의상정소 73
예종 30, 71~73, 75~76
5대 10국 30~31
5도 양계 42, 45
왕건 10~11, 13~14, 30
왕규 17, 18, 20
왕식렴 15, 18, 20
왜구 31, 111, 113, 118, 124~125, 130, 132, 134~138
요 30~31
요동 정벌 134~136
원나라 31, 82, 106~107, 110~132, 139
원종 107~109, 112~113, 127

우왕 29, 135~139
위화도 회군 134, 136, 138~139
유교 17, 26, 32~35, 51~52, 54~55, 62, 66~67, 69, 75, 97, 104, 140, 142~143
6위 40
윤관 30, 69, 71~73
음서 80, 97
의종 85~90, 92
의창 32, 35
의천 55, 63, 66, 69
이고 84, 86, 88~89, 92
이규보 57, 59, 97, 99
이방원 141, 143
이색 138~139
이성계 132, 134~143
이의민 84, 86, 89, 93
이의방 84, 86, 88~90, 92~93
이자겸 74~78
이자겸의 난 76~77, 79, 84
이제현 115, 117, 122~123, 127, 130
인종 56, 61, 75~80, 84~86
일리천 전투 15
입성 책동 118

ㅈ

장자 상속법 48
전민변정도감 128, 132
전시과 28~29, 40, 52
전지 정치 114, 117
정도전 132, 136, 138~139, 141~143

정동행성 112, 123 125
정몽주 132, 136, 139~143
정종 21, 23~24, 49, 51
정중부 84, 86, 88~90, 92~93
정치도감 122
조선 21, 43, 57~58, 71, 81~82, 97, 134, 139, 143
주전도감 69
중방 92~93
《직지심체요절》 105

ㅊ

창왕 139, 141~142
천리장성 49
천추 태후 38~41, 43~44
청자 11, 39, 57~58, 80, 83, 127
초조대장경 42, 105
최무선 134, 136
최승로 32~33, 35
최씨 무신 정권 93~97, 99, 102
최영 132, 135~137
최우 99~101, 103, 105
최충 50~51, 52, 54~55
최충헌 90~91, 93~99, 102
충렬왕 111~113, 116, 129~127
충목왕 123~125
충선왕 113, 115~119
충숙왕 119, 121, 129~130
충정왕 125, 130
충혜왕 121~123, 125

친명파 134, 136
친원파 132, 134, 136
7재 70, 73

ㅌ

태조 11, 14~17, 19, 23~24, 27, 30, 34, 44~45, 139, 142

ㅍ

팔관회 17, 35, 39, 44, 50, 55, 104
팔만대장경 11, 100~103, 105

ㅎ

해동 천태종 63, 66, 69
해동통보 66~67, 69
향리 45, 80~82
헌종 65, 68
현종 30, 39, 42~47, 51, 59, 105
혜민국 70, 73
혜종 19~21, 23
호족 10~29, 35
혼인 정책 16, 19
홍건적 31, 57, 128, 130, 132, 135
후고구려 10~13
후백제 10~12, 14~15
후삼국 10~12, 14~17, 19, 27, 30
〈훈요 10조〉 10, 17
희종 97~99

- 이 책은 민족문화추진위원회(현 한국고전번역원)의 국역 《고려사》와 《고려사절요》를 저본으로 삼았다.
- 본문에 나오는 날짜는 모두 음력 기준이다.
- 역사 용어는 교육부에서 펴낸 〈교과서 편수자료〉에 따랐다.
- 맞춤법, 띄어쓰기는 국립국어원 《표준국어대사전》을 기준으로 삼았다.
- 국립국어원의 외래어 표기법에 따라 중국 인명과 지명은 한자음대로 표기했다.

사진 자료 제공 및 출처

11 태조 초상화 - 〈개성왕씨대동보〉
19 완사천 - 《전라남도문화재도록》 도지정 편
21 평양성 대동문 - 《북한 문화재 해설집》 3
23 관촉사 석조 미륵 보살 입상 - 콘텐츠뱅크
29 장전 소지 - 문화재청
33 개성 성균관 - 《북한 문화재 해설집》 3
39 청자 찻잔 - 《북한의 문화재와 문화 유적》 III
43 나성 - 《조선유적유물도감》
47 당차 - 콘텐츠뱅크
49 천리장성 성벽 - 《조선유적유물도감》
51 배 무늬 청동 거울 - 국립중앙박물관
57 만월대 축대 - 《조선유적유물도감》
　　쇠솥 - 국립청주박물관
58 금제 장신구 - 국립중앙박물관
　　〈송도전경〉 - 국립중앙박물관
59 아라비아 배 그림 - 《아사히백과》
61 고려 왕의 청동 도장 - 국립중앙박물관
63 의천 초상화 - 《전라남도문화재도록》 국가지정 편
65 만월대 용머리상 - 《북한의 문화재와 문화 유적》 IV
67 해동통보 - 화폐박물관
71 〈고려 척경 입비도〉 - 한국데이터진흥원
75 《삼국사기》 - 콘텐츠뱅크
80 〈관경서분변상도〉 - 일본 다이온사
　　청자 상감 구름·학 무늬 매병 - 《조선유적유물도감》
81 향리의 청동 도장 - 국립청주박물관
　　개심사 터 5층 석탑 - 콘텐츠뱅크
82 〈미륵하생경변상도〉 - 일본 신노원
　　질그릇 - 국립청주박물관
83 《대방광불화엄경》 - 《문화유산일기》
　　윤광전 노비 별급문 - 《한국고대중세고문서연구》 하
85 공민왕릉 무신석상 - 《북한의 문화재와 문화 유적》 IV
91 운문사 - 콘텐츠뱅크
95 흥국사 터 석탑 - 《북한의 문화재와 문화 유적》 IV

97 경서통 - 국립중앙박물관
99 〈지장보살도〉 - 일본 네즈미술관
101 강화 고려 궁궐 터 - 강화군청
104 수덕사 대웅전 - 콘텐츠뱅크
　　 개풍 신성리 석불 입상 - 《조선유적유물도감》
　　 〈관경십육관변상도〉 - 《고려불화대전》
　　 지눌 초상화 - 위키미디어
105 해인사 장경각 - 콘텐츠뱅크
　　 팔만대장경 목판 - 콘텐츠뱅크
　　 《직지심체요절》 - 국립민속박물관
　　 금속 활자 - 국립청주박물관
　　 〈수월관음도〉 - 일본 다이토쿠사
107 용장성 터 - 《전라남도문화재도록》 1
111 〈몽고습래회사〉 - 《아사히백과》
113 《삼국유사》 - 콘텐츠뱅크
115 이제현 초상화 - 국립중앙박물관
119 원 사신 통행증 - 《아사히백과》
121 고구려 춤 무덤 벽화 수박 - 《특별기획전 고구려》
123 경천사 터 10층 석탑 - 국립중앙박물관
125 통도사 장생표 - 콘텐츠뱅크
126 〈몽고습래회사〉 - 《아사히백과》
　　 노걸대 - 콘텐츠뱅크
127 《동국신속삼강행실도》 - 콘텐츠뱅크
　　 〈기마도강도〉 - 국립중앙박물관
129 〈천산대렵도〉 - 국립중앙박물관
135 최영 무덤 - 《경기문화재대관》 도지정 편
139 이색 초상화 - 국립중앙박물관
141 선죽교 - 《북한의 문화재와 문화 유적》 IV

이 책에 사용한 사진 자료의 출처를 찾으려고 최선을 다했습니다. 저작권이 있는 경우는 저작권자의 허락을 받아 실었습니다. 혹 잘못된 내용이 있으면 연락 주십시오. 다음 쇄를 찍을 때 꼭 수정하겠습니다.